| 어린이와 함께 하는 철학 |

나무는
어떻게
숲으로
갔을까?

나무는 어떻게 숲으로 갔을까?

초판 1쇄 인쇄 2017년 11월 30일
초판 1쇄 발행 2017년 12월 7일

지은이 토머스 에버스, 마르쿠스 멜허스
옮긴이 조원규
펴낸이 한익수
펴낸곳 도서출판 큰나무
등록 1993년 11월 30일 (제5-396호)
주소 경기도 고양시 일산동구 호수로430번길 13-4 (10424)
전화 031-903-1845
팩스 031-903-1854
이메일 btreepub@naver.com
블로그 blog.naver.com/btreepub

값 13,500원
ISBN 978-89-7891-314-0 (03370)

한국출판문화산업진흥원의 출판콘텐츠 창작자금을 지원받아 제작되었습니다.
잘못 만들어진 책은 구입하신 서점에서 교환해 드립니다.

| 어린이와 함께 하는 철학 |

나무는 어떻게 숲으로 갔을까?

토머스 에버스 | 마르쿠스 멜허스 지음

조원규 옮김

 큰나무

서문

요슈타인 가아더(Jostein Gaarder)의 《소피의 세계(Sophie's World)》가 뜻밖에도 대성공을 거두자, 새로 나오는 책들마다 겉장에 '철학'과 '어린이'라는 말을 나란히 붙여놓는 걸 현명한 일처럼 생각하는 것 같다. 이전 같으면 서점에서 이제나저제나 자리나 지키고 앉았을 터줏대감 철학서들이 요즘은 잘 팔리는 기대종목이 되었다고 한다. 그런데 '어린이와 함께 철학한다'는 것은 과연 마케팅 개그에 불과한 걸까?

아니, 그렇지 않다. 여기에는 훨씬 깊은 뜻이 있다는 생각으로 우리는 이 책을 썼다. '어린이와 함께 철학하기'는 오늘날 매우 뜻깊은 일을 수행할 수 있다.

갈수록 많은 사람들이 명확히 들여다보기 어렵게 사회가 변화한 다고 느낀다. 이렇듯 빠르고 거대한 변화로 인해 불확실한 사회에 서 삶의 방향을 설정하기란 어려운 일이다.

이러한 때 우리가 생각한 방향이 바로 '어린이와 함께 실천적으 로 철학하기'다. 이 책에서 우리는 '실천'이라는 말을 두 가지 의미 에서 사용했다. 우선 철학적 실천으로, 이는 철학사에 관한 학문 적인 지식을 추구하는 게 아니라 철학적 깨달음을 일상생활에 연 관시킨다는 뜻이다. 철학적 실천이란 곧 인간의 구체적인 삶과 사 고에 관련된다. 철학적 실천에서는 '타인과 동행한다'는 관계가 본 질이며, 이러한 특성은 어린이와 함께 철학하기에서도 그 힘을 발 휘한다.

철학과 어린이의 사고는 서로 닮아 있다. 둘 다 작위적으로 만들 어낼 수 없는 것들이다. 어린이와 철학은 세계를 묻기 때문이다. 아 이들을 미성숙한 존재로 키워서는 안 된다. 우리의 목표는 어린이 와 어른의 삶에 철학이라는 활동을 끌어들이는 것이다. 우리의 아 이들이 '스스로 사고하는 사람'으로 자라도록 말이다.

'질문하기'라는 하나의 문화를 세우고 가꾸어 나감으로써 우리 는 어린이와 더불어 뻔히 정해진 것처럼 보이는 '사물의 질서'에 길 들여져 누구를 탓할 수도 없이 '미성숙'으로 빠져드는 길을 벗어날 수 있다. 질문하기를 통해 방향감각을 획득한다면 아이는 다원화된 사회에서라도 어른으로서 자유롭게 나아갈 수 있다. 독립적으로 스스로 정복할 수 있다는 말이다.

이 책에서 철학적 실천의 두 번째 뜻은 어린이를 교육하는 어른들의 입장에 관련된다. 가정, 유치원 및 초등학교에서 어린이와 함께 철학하기를 실천하면서 어른인 우리 또한 자신이 사는 세계를 바라보는 새로운 시야가 트일 것이다.

이 책은 어떤 글을 두고 그것을 연구하기 위한 것이 아니다. 가능한 한 많은 위대한 철학자들의 책과 이론을 섭렵하려는 것도 아니다. 배울 수 있는 것은 철학이 아니라, 철학하는 방법이기 때문이다. 철학적 지혜는 책을 읽어 얻어내는 지식 이상의 것이다. 두꺼운 철학서나 복잡한 이론 없이도 우리는 어린이에게 마술과 놀이, 노래와 이야기를 통해 철학하는 데 있어서의 근본적인 문제를 알려줄 수 있다. 이에 더하여, 어린이다운 질문이나 대답에 담긴 철학적인 사고들을 밝혀낼 수 있다. 이 책의 2부에서 어린이가 어떻게 철학적 사고를 하는지 다양한 대화의 기록을 통해 제시할 것이다.

우선 1부에서 다루는 주요 질문들은 이런 것들이다.

– 어떻게 어린이와 함께 하는 일상적 상황에서 철학의 계기를 감지할 수 있을까?

- 발견된 철학적 계기를 어떻게 더 발전하고 촉진할 수 있을까?
- 어린이와 함께 철학하기를 통해 어른들은 어떻게 변할까?
- 철학이 세계에 관해 알려주는 것은 대체 어떤 종류의 앎일까?

이 책은 동시대의 '어린이 철학'이 내놓은 중요한 논제들을 비판적으로 검토하면서 어린이와 함께 철학하기의 핵심적 면모를 소개할 것이다. 한편 지나친 자의성과 진부함에 빠지지 않으려면 여타 학문의 연구성과에도 눈길을 줄 필요가 있기에 역사적, 발달심리학적, 사회학적 인식들의 도움으로 어린이 철학의 폭을 넓혀보려고 했다.

동시에 우리는 몇몇 철학자들의 과장된 발언으로 비롯한 어린이 철학에 대한 허황된 기대를 경계한다. 그릇된 기대로 인해 아이들이 지나친 부담을 받게 될 수 있고(예 : 어린이는 모두가 철학자이다!) 어른들도 좌절감을 느낄 수 있기 때문이다(예 : 맙소사, 우리 아이는 왜 철학을 안 하지?). 계몽적인 목표설정을 염두에 둔 어린이와 함께 철학하기가 성취할 수 있는 것과 할 수 없는 것에 대해서는 7개 항목의 명제들로 요약해두었다.

이 책은 많은 관심과 지원이 있었기에 나올 수 있었다. 개인적으로 무척 힘든 시기임에도 우리가 넘긴 원고를 읽기 쉽도록 거듭 검토해준 유타 그롤 씨에게 감사한다. 그 밖에도 코니 브뤼셀, 프리트헬름 에버스, 아달베르트 야콥스, 헬가 클링크함머, 하이케 퀸, 에바 뮐러 그뢰네발트 그리고 미하엘라 피셔 제 씨께 감사한다. 이 분들의 도움이 없었다면 우리 공동 저자는 이 책을 절반 수준으로밖에는 써내지 못했을 것이다.

차례

1부
어린이는
누구인가?

1장. 어린이는 누구인가?

어린이와 함께 철학을 하려면 어른들은 자신이 무슨 말을 하는지 명확히 이해하고 있어야 한다. 지나치게 철학에만 비중을 두면 어린이가 이해하지 못하는 수준에서 말하고 생각하고 행동하게 될 위험이 있기 때문이다. 이러한 위험을 방지하기 위해서 일단 어린이는 누구인지에 대해 확실히 해두기로 하자.

유년기에 대해 생각하는 건 그렇게 당연한 일이 아니다. 어린이에 대한 관념은 역사적으로 형성된 것인데, 이것은 2장에서 다루었다. 즉, 오늘날과 본질적으로 유사하게 유년기의 고유성과 독자성을 이해하게 된 18~19세기에 이르기까지의 역사적 변천을 대강 살펴보았다.

어린이가 주체로 인정될 때만 '어린이와 함께 철학하기'가 의미를 가질 수 있다. 어린이의 주체성을 인정한 다음에야 유년기를 발달심리학적으로 발견하는 일도 가능하다. 우리는 세계를 인식하고 체험하는 유년의 시각을 이 장에서 묘사할 것이다. 이로써 어린이가 성장할 때 어떤 조건에서 철학하는 일이 가능한지 그 물음의 답을 구할 것이다.

이어서 우리는 사회학적 연구결과들을 참조하면서 오늘날의 어린이들이 살고 있는 세계를 향해 시선을 돌릴 것이다. 현대사회에서 어린이들은 어떤 조건에서 성장해가고 있는가? 여기서 어린이와 함께 철학하기가 사회적 변화에 대한 매우 적절한 대응이라는 점을 깨닫게 될 것이다.

어린이와 함께 철학하기는 결코 허무맹랑한 시도가 아니다.

우선 어린이가 철학적으로 사고할 수 있는지에 대해서 몇몇 중요한 철학자들의 생각을 살펴보자. 상세한 철학사적 서술을 동원하지 않아도 우리는 다양한 입장과 차이를 발견할 수 있다.

현대까지 영향력을 행사하는 저명한 두 철학자가 고대에 살았으니 플라톤과 아리스토텔레스다. 이들도 어린이와 철학의 관계에 대해 말한 바가 있다. 플라톤은 유소년들이 너무 일찍 철학과 만나는 건 좋지 않다고 했다. 플라톤의 견해는 이러했다.

그대도 동의하겠지만, 아이들은 우선 그러한 말을 들으면 마치 우스개를 들은 듯한 태도를 취하기 때문이오. 또한 아이들은 그 말들이 모순을 일으키도록 하고, 그러고 나서는 그들을 논박하는 사람의 흉내를 내면서, 마치 누가 가까이 오기만 하면 짖고 물어대는 강아지들처럼 굴기 때문이오. (⋯) 아이들은 논박하고 논박당하기를 한참 하고 나면 이제는 전에 믿었던 것을 하나도 믿지 않으려고 들기 십상이니, 그 때문에 아이들과 아울러 철학에 관계된 모든 것이 나쁜 평판을 받게 되고 말기 때문이오.[1]

플라톤의 제자인 아리스토텔레스도 스승과 견해를 같이했다. 수학과 기하학은 순수한 정신적 몰두를 요구할 뿐이기 때문에 유소년에게 가르치는 데 문제가 없지만, 윤리학이나 훌륭한 삶에 관한 성찰 등을 배우기 위해서는 삶의 체험이 필요하다고 보았다.

어린 사람에게는 경험이 부족하다. 체험이란 긴 시공간을 통해서만 얻을 수 있기 때문이다. 과연 다음과 같이 질문해볼 만하다. 왜 어린 사람은 수학자일 수는 있어도 철학자나 자연과학자일 수는 없을까? 수학의 대상은 추상적이지만 철학과 자연과학의 출발점은 경험을 통해 근접할 수 있는 것이기 때문이며, 따라서 어린 사람은 철학이나 자연과학에 대해서는 명확한 견해를 갖기가 어렵고, 이에 반해 수학적 진리는 명쾌하게 밝혀지기 때문이 아닐까?[2]

이로부터 거의 2,000년 뒤에 몽테뉴는 플라톤이나 아리스토텔레스와는 다른 생각을 말했다. 그는 분명한 태도로 어린이에게 일찍부터 철학을 가르쳐야 한다고 주장했다. 그는 철학의 중심부에 추상적 이론을 세우는 걸 중요하게 생각하지 않았다. 몽테뉴에게 철학은 '삶의 기술'에 가까운 것이었고, 행복한 인간들의 개별적인 삶에서 실현되어야 할 것이었다.

철학은 어린 사람들이 근접할 것이 아니라고 하면서 음울하고 무시무시한 형상으로 그려낸다면, 이는 매우 부당한 처사이다. (…) 철학이란 살아가는 법을 가르치는 것이기에 나이에 상관없이 어린 사람에게도 깨우쳐줄 바가 있다. 왜 어린 사람에게 철학을 알려주기를 마다할 것인가? (…) 우리 인생을 오히려 힘들게 만드는 불합리한 철학이나 복잡하고 민감한 변증론은 멀리 놓아두어도 좋다! 그 대신 철학의 단순한 명제들을 끌어와서 올바로 선별하고 사용하기를 배우도록 하라. 이것은 보카치오의 이야기들을 이해하는 것보다도 쉬운 일이다! 유아기를 벗어난 아이라면 읽기와 쓰기보다도 훨씬 수월하게 철학을 깨친다. 철학은 인간이면 누구에게든 아이 적부터 늙어 다시 아이가 될 때까지 내내 가르칠 것이 있다.[3]

플라톤과 아리스토텔레스, 몽테뉴의 입장은 양쪽 다 일방적이다. 이들과 대조적으로 존 로크는 균형 잡힌 관점을 취했다. 우선 한편에서 그는 이렇게 말했다.

어린이의 정신은 좁고 나약하며 대개 한 번에 하나의 생각만 할 수 있다. 어린이의 머릿속은 우선 마음이 끌리는 것으로 가득 채워진다.[4]

다른 글에서도 이와 유사한 견해를 보인다.

(…) 살면서 영리하다는 게 뭔가 하면, 흔히 말하는 바대로, 남자가 조심스럽고 용의주도하게 사업을 해나가는 능력을 뜻할 터이다. 그러자면 타고난 소질에다 정신적인 노력과 체험이 쌓여야 하는

것이고, 어린이의 지평을 뛰어넘어야 하는 것이다.[5]

그런데 다른 글에서는 이런 구절도 보인다.

어린이들과 이성적인 대화를 할 수 있다고 하면 아마 사람들은 놀라워할지도 모르겠다. 하지만 나는 어린이들과 소통할 때 그것이 옳은 방법이라고밖에 생각할 수 없다. 어린이들은 언어와 마찬가지로 사리를 이해한다. 게다가 어린이들은 우리가 생각하는 것보다 더 일찍부터 스스로 사리를 따질 줄 아는 존재로서 인정받고 싶어 한다. 어린이들은 자신들의 사리분별력을 자랑스러워한다. 그러니 가능한 한 어린이들에게 그런 능력을 키워주고 또 그들을 교육하는 가장 중요한 연장으로 삼아야 할 것이다.[6]

존 로크는 어린이의 철학능력에 대해 생각하면서 어른들까지 연관시켰다.

궁금한 게 많은 어린이들이 즉흥적으로 던지는 순진한 질문들은 종종 사물을 새롭게 조명해서 어른들을 생각에 잠기게 한다. 편견에 찬 교육의 영향을 받고 또 빌린 개념에 따라서만 피상적으로 말하는 어른들하고 말하는 것보다는 어린이들이 던지는 뜻밖의 질문

들에서 더 배울 점이 많을 때가 드물지 않다.[7]

임마누엘 칸트가 어린이와 철학을 연관지어 말한 부분들은 여기 저기에 조금씩 흩어져 발견된다. 그나마의 언급들도 그가 살던 시대에 중요했던 교육학적 질문들과 관련된 것들이다. 칸트가 주력했던 작업은 중요한 철학적 질문들을 체계화하고 새롭게 대답하는 것이었다. 그의 유명한 《순수이성비판》,《실천이성비판》,《판단력 비판》도 위 작업의 과정에서 나온 비판서들이다.

어린이에게 중요한 일은 스스로 사고하기를 배우는 것이다. 그래야만 더 이상 어른들의 대상으로 머물지 않고 성장의 주체가 될 수 있다.

> 스스로 사고한다는 것은 진리의 최종적인 검증을 자신 안에서, 즉 자신의 이성 안에서 구한다는 것이다. 언제나 스스로 생각하는 것이 바로 계몽이다. (…) 스스로 생각하기는 누구나 혼자서 할 수 있는 일이다. (…) 교육을 통해서 개별적인 주체들이 계몽되는 것은 힘든 일이 아니다. 다만 어린 두뇌가 스스로 성찰하기에 익숙해지도록 일찍부터 교육을 시작하지 않으면 안 된다.[8]

20세기에 들어와 칸트 철학의 영향을 받은 철학자 파울 나토르

프와 리하르트 회닉스발트는 교육학을 구체적인 철학이라고 부르며 의미를 부여했다. 여기에 덧붙여 에른스트 블로흐의 '붉은 창문 (Das rote Fenster)'이라는 이야기에 나타난 체험을 상기해보는 것도 좋을 것이다. 블로흐는 어릴 때 어떠한 그림을 보고 느꼈던 자신의 체험을 이야기한다. 어린이가 지닌 평가능력, 철학적으로 사고하는 능력이 뚜렷이 드러나는 이야기다.

그림 아래쪽에는 〈달 풍경〉[9]이라고 쓰여 있었다. 그래서 나는 처음에 그것이 커다란 기나나무(cinchona)처럼 생긴 〈달나라의 풍경〉인 줄 알았다. 하지만 다음 순간 나는 말로는 표현할 수 없는 엄청난 충격을 받았다. 그리고 이후로 그 붉은 창문을 결코 잊지 못했다. 아마도 누구든 언젠가 한 번쯤은 그림이든 말이든 사로잡힘을 체험할 것이다. 이런 체험은 어려서부터 시작된다. 그리고 마찬가지로 이런 체험이 어린 시절에 정지되지 않는다면 좋을 것이다. 그림이 자기 자신, 아니 자기의 전 생애보다 더 중요하게 생각되는 그런 체험 말이다.[10]

철학자 에른스트 블로흐가 날마다 이런 체험을 하며 살았다는 것은 아니다. 그의 또 다른 일화가 있다. 그가 대작 《희망의 철학》을 쓸 때였는데 다섯 살 된 아들이 와서 이렇게 물었다.

"아빠, 나하고 놀 수 있어?"

"시간이 없다, 애야."

"시간이 뭔데?"

"엄마한테 물어봐."

위대한 철학자 블로흐는 엄마한테 물어보라고 답했지만 아들은 스스로 답을 내며 이렇게 말했다고 한다.

"시간은 시곗바늘 없는 시계야."

자신을 전능하게 여기며 오직 권력과 도구적 용도에 봉사하는 이성의 위험성을 경고한 테오도르 아도르노는 어린이들에게 사고의 기원, 즉 처음으로 돌아가는 힘이 잠재되어 있음을 발견하였다. 그 힘은 바로 주어진 것에 길들여지지 않고 놀랄 줄 아는 능력이다.

지금까지 살펴보았듯 철학자들은 관점에 따라 어린이의 철학능력을 부정(플라톤, 아리스토텔레스)하거나, 철학능력을 키워줘야 한다는 과제를 발견(칸트, 로크)하거나, 혹은 이미 그런 능력이 필수적으로 존재함을 발견(몽테뉴, 블로흐, 아도르노)했다.

어린이와 유년기에 대해 접근하는 또 다른 방법은 역사적으로 살펴보는 것이다. 다음 장에서 이를 전개하려고 한다. 그런데 역시 거기서도 철학자들의 비중은 크다는 사실이 드러난다.

┃ 유년기의 발견 ┃

어린이들은 언제나 있었지만 유년기라는 개념은 새롭게 발견된 것이다. 유년기란 개념에서 우리는 어린이와 어른의 차이를 떠올린다. 어린이와 어른은 나이만 다른 것이 아니다. 어린이는 자기표현과 사고방식이 어른과 본질적으로 다르다. 우리는 이러한 차이를 잘 인식하고 있고, 어린이들을 대할 때면 당연하게 그 사실을 염두에 둔다. 하지만 옛날부터 항상 그랬던 것은 아니다.

고대에 자유시민의 어린이들은 언젠가 유산을 상속받게 될, 잠재적으로 자유로운 존재로 인정받았다. 다만 어린이들은 판단능력이 미숙하다는 이유로 성숙한 남자에게 복종하는 것이 바람직하다고 여겨졌다.

잘 보전된 어린이의 묘나 예술작품들을 보면 고대 그리스시대의 어린이들은 애정 어린 양육을 받았던 것으로 보인다. 그런데 이 같은 양상의 자녀애는 로마시대에 들어서 약 1,000년간이나 사라지게 되었다. 이 기간 동안에는 어린이들은 양어머니에게서 양육되었다. 그러다가 18세기에 들어서 어린이에 대한 사랑이 부활하였고 온전히 누려졌다.

자유시민의 자녀와 달리 노예의 자식들은 그저 노동력으로 간주

되었고, 아동 매매도 허용되었다. 스토아학파의 도덕론이 일반화되기 전까지는 어린이를 죽이는 일도 허용되어 일상적으로 벌어지곤 했다.

이 시기에는 최고의 철학자들조차 유년기가 인생의 독립적인 한 시기로서 고유성을 지니고 있다고 생각하지 못했다. 교육에 대해 오래 숙고하고 글을 쓰면서도 사람들은 어린이를 오직 교육적, 철학적 노력의 대상으로만 간주했던 것이다.

그리스시대에서 로마시대로 건너가는 이행기에 역사에 남을 큰 영향력을 행사했던 철학학파도 유년기에 대해서는 맹목이나 다름없었다. 기원전 300년에서 200년에 성행했던 스토아 학파도 예외가 아니었다. 그들이 철학했던 지명을 좇아 스토아 포이킬레라고 불리는 스토아 학파는, 인간이 세상의 시련에 대해서 내면적이고 윤리적인 자세를 취할 것을 강조했다. 그런데 이때 인간이 지녔다는 내적 체험과 사고의 고유성이 어린이에게는 적용되지 않았다. 어린이들은 '형식을 갖추도록' 이끌어져야 하고 부지런히 성숙해야만 하는 존재로 인식했다. 그래야만 어린이는 비로소 사회의 가치 있는 성원이 될 수 있었다. 스토아 학파의 철학자가 부모관계를 언급하는 경우가 있다면, 그건 대개 어린이에게서 결혼의 깊은 뜻을 볼 수 있다는 맥락이었다. 그런데 이 맥락에서도 모든 어린이를 지칭한 것은 아니었다. 허약하거나 병든 어린이들은 '결혼의 깊은 뜻'이 될 수 없었다.

그리스시대와 로마시대를 통틀어 이러한 견해가 견지되었다. 어린이가 필요로 하는 것은 어른들에 의해 규정되었다. 어린이와 어른의 관계는 형식적이었다. 예를 들어 로마시대에 아이는 아버지를 언제나 오늘날의 'Sir'라고 불러야 했다. 우리가 볼 때 이 시대는 "유년기라는 것을 도통 알지 못한 시대"[11]였다.

어른과 어린이의 관계에 대한 이해방식은 중세에 들어서 변화한다. 중세의 어린이는 걷고 말을 할 줄 알게 되면 곧바로 성인의 세계에서 살았다. 어른의 생활세계는 곧 어린이의 세계이기도 했다. 어른이나 어린이나 일상의 표현법은 전혀 다르지 않았다. 어린이는 다만 작은 어른일 뿐이었다. 어린이도 어른과 같은 의복을 입었고 똑같은 유희를 즐겼다. 게다가 어린이도 어른처럼 일했다. 어른의 세계와 분리된 유년의 삶이란 존재하지 않았던 것이다.

철학사와 정신사의 시각에서 어린이를 살펴보면 서구의 기독교 중세에는 두 가지 상이 떠오른다. 한편에는 무구한 어린이에 관한 예수의 말씀이 중심에 위치해 있다. 예수는 어른들에게 어린아이와 같이 되라고 하지 않았던가.

다른 한편에는 아우구스티누스(354~430)의 가르침이 있는데, 그는 어린이의 무죄한 순결이란 존재하지 않는다고 했다. 어린이는 단지 무지할 뿐이고, 어린 인간은 감정에 이끌려 변덕스럽고 제멋대로라고 보았다. 아우구스티누스의 언급은 다음과 같다.

과연 '하나님 앞에서 인간이 어찌 의롭다 하겠습니까?(욥기 25:4)' 땅 위에서 단 하루를 산 갓난아이일지라도 죄로부터 순결하지 않습니다. 누가 내게 그러함을 보여주겠습니까? (…) 내가 어린 시절에 어떻게 죄를 지었겠습니까? 엄마에게 젖을 달라고 울어댄 것이겠습니까? 만약 지금 내가, 물론 젖 때문이 아니라 내 나이에 먹는 음식 때문에 어린아이처럼 운다면, 마땅히 나는 웃음거리가 되고 꾸중을 들을 것입니다. 내가 어려서 한 일은 꾸중 들을 만한 일이었으되 내가 그 꾸지람을 이해하지 못하였으므로, 관습과 사려는 어린 나를 호되게 꾸짖는 것을 용납하지 않았던 것입니다.[12]

아우구스티누스는 그의 동시대인과 마찬가지로 어린이라는 존재의 고유성에 대해 무지하였고 공감을 갖지도 못했다. 그는 아무런 주저 없이 유년과 성년을 하나로 다루었다. 어린이는 불완전하고, 어른은 기독신앙에 따라 완전함을 추구해야 할 따름이었다. 인간은 더럽혀지고 죄를 지은 상태로부터 자유로워질 때 비로소 구원을 얻을 수 있다고 보았다. 그러니 신앙 깊은 기독교인은 불완전함을 겁내야 마땅하지 않을까? 불완전함이란 신과 섭리로부터 멀리 떨어져 있음이요, 죄스러움과 같지 않은가? 그런데 어린이가 죄로부터 자유롭지 않으며 그 자신의 구원에 대해 무기력할 뿐이라면, 기독교인은 그처럼 유혹에 가까운 어린이라는 존재를 겁내야 하는 게 아닐까?

이렇게 생각할 때 나오는 결론은 끔찍한 것이다. 유년기는 싸워 이겨야 할 대상이 되고 말기 때문이다. 아우구스티누스의 교리에서는 어린이라는 불완전한 존재에 대한 불안감이 역력히 느껴진다. 엄격한 교육이 이루어진 17세기에 이르기까지 이런 불안감은 내내 존재했다. 그러고 보니 어린이를 교육한 선생들은 언제나 선생인 동시에 신학자들이었다.

근대적 사유의 시조로 일컬어지는 르네 데카르트(1596~1650)도 어린이를 괴이쩍은 시선으로 바라보았다. 물론 데카르트의 이유는 아이가 죄에 물든 존재라서가 아니었다. 데카르트는 사람이 어른이 되려면 우선 어린이여야 한다는 사실에 진저리를 쳤다. 그가 보기에 어린이에게는 이성과 성찰 및 자기절제가 결여되어 있고, 그렇기 때문에 어른들 역시 이성적인 자기성찰이 어려운 것이었다. 《이성의 올바른 사용법에 관한 논고》에서 그는 다음과 같이 명확하게 말했다.

우리 모두가 성인 남자가 되기 전에는 한때 어린이였고, 오랫동안 서로 갈등을 일으키며 우리에게 최상의 것만을 일러주지는 않은 본능과 교사들의 조종을 받아왔기 때문에, 우리는 만일 태어나면서부터 이성을 갖추고 내내 이성을 좇아왔더라면 가능했을 수준의 순수하고 견고한 판단력을 갖출 가망이 거의 없게 되었다.[13]

이런 관점이 있는가 하면, 실제 상류층의 현실에서는 종종 어린이들은 관심을 가져주어야 하고 추가적인 일거리를 요구하는 귀찮은 존재로 여겨졌다. 게다가 무시할 수 없는 또 한 가지 측면은 아이들은 남성에게서 여성을 빼앗아가는 존재로 간주되었다는 것이다. 그래서 그럴 능력이 되는 집에서는 아기에게 젖을 먹이는 유모와 돌봐주는 하녀를 고용했다. 그리고 아이에게 주어야 할 관심을 놀잇감으로 대신하기도 했다.

한편 당시의 민중들의 믿음을 말해주는 언급이나 행동은 그들이 기록을 남길 수 있는 여지가 없었기 때문에 흔적을 찾기도 그만큼 어렵다. 시골에 살거나 교육을 받지 못한 사람들은 어린이를 대할 때 그들만의 '법'을 따랐다. 민중은 근거가 불분명한 전통을 따랐다. 어린이들은 그들에게만 특별하게 부여된 통로로 세상과 교류하는 존재였다. 어떻게 대하느냐에 따라 어린이는 긍정적인 힘을 발휘한다고 보았고, 어린이는 대체로 행운을 가져다주는 존재로 여겨졌다. 또 어린이는 병을 낮게 한다고도 믿어졌으며, 어린이를 조롱하면 안 되었고, 어린이를 거칠게 대하면 자식들로부터 경멸을 당했다. 또한 어린이와 약속을 하면 꼭 지켜야 했다. 이 같은 윤리적인 측면에 더해, 어린이의 지능은 특별하게 계발시켜야 한다는 생각이 있었다. 그리고 그 일에 너무 이르다는 건 있을 수 없었기에, 이미 고대에서부터 신생아는 발목을 잡고 높이 치켜들어졌다. 아이의 이성을 흔들어 깨우려는 것이었다. 또한 아이가 잘때는 책이나 글을 베개 밑에 넣어두어 영리하고 무엇이든 잘 배우도록 했다.[14]

"

어린이에 대한 민중들의 긍정적인 시각은 오늘날까지 알게 모르게 이어지고 있다. 순진하고 명확하게 세상을 대하는 아이들의 태도는 "아이들이 진실을 말한다."는 오래된 표현에서도 나타난다. 어린이 철학에 관심을 둔 연구자들도 이와 유사한 민중적 신앙의 흔적들을 제시한다.

　군주제가 지배했던 17세기에 가정은 아직 아이를 중심에 두는 현대적 형태를 갖추지 못하고 있었다. 어린이에 대한 시각이 서서히 변화한 건 18세기에 들어서였다.˚ 계몽철학이 시민사회에 점차 영향을 끼치면서 마침내 '유년기'가 발견되었다! 계몽적 사고에는 세 가지 원칙이 서로 교차되었는데 그것은 성별의 평등, 개인의 고유성, 시민의 자유로운 정치적 활동이었다. 이 시기에 '엄마들은 아이를 사랑해야 한다'는 내용의 책들이 출간되었다.[15]

이제는 어린이에 대한 새로운 생각이 시작되었고, '어린이'에 대한 아우구스티누스적인 두려움이나 데카르트적인 경악도 사라졌다.

이 시대의 흐름을 총괄하면서 결정적인 새로움을 표현한 철학자는 장 자크 루소(1712~1778)다. 그는 1762년에 두 개의 글을 발표했는데, 하나는 국가철학을 담은 작품《사회계약론》이고, 다른 하나는 교육철학적 소설《에밀, 혹은 교육에 관하여》[16]이다. 루소의 정치적 견해는 모든 시민의 법 앞에서의 평등, 모든 인간의 자유, 목적으로서의 인간의 자신과의 일치를 말하였다. 이런 입장에 따르려면 어린이에 대한 태도도 달라질 수밖에 없었다. 새로운 시대와 새로운 사고에는 더 이상 걸맞지 않는 어린이에 대한 낡은 생각들과 결별해야 하는 것이다.

＊ 오늘날까지 영향력을 행사하는 문학적, 철학적, 경제적, 사회적 변화가 이루어진 이 역사적인 계몽주의 시기를 역사학자인 라인하르트 코젤렉은 "안장"이라는 개념으로 표현했다. 즉, 18세기 말에 여러 가지 변화들이 안장에 앉혀졌고, 그것이 오늘날까지 지속되어 왔다는 뜻이다.

루소는 소설 《에밀》에서 새로운 교육개념을 구상했다. 그가 새로 생각해낸 것은 어린이 특유의 심리를 고려하고 탐구하고 이해해야 한다는 것이었다. '유년기'라는 것을 독자적인 삶의 형태로 받아들이자는 것이었다. 루소는 매우 구체적으로 어린이의 여러 면모를 구분하고, 나이에 따라 다르게 나타나는 행동들을 제시하였다.

그는 교육이란 나이와 성숙의 단계에 맞춰 세상에 대한 앎을 전달하는 것이고, 종교적-철학적 교육이 가르침의 완결을 이루며, 인간은 사회화될 준비가 되어 있는 존재라고 보았다. 오늘날에도 루소의 교육관이 참조되고 인용되고 있다. 지금 이 책도 만일 루소와 그의 사상이 없었다면 다른 내용이 되었을 것이다.

"

유년기의 발견은 철학적인 성질의 것이다. 어린이 철학은 계몽철학의 자식이다.

《에밀》이 나온 지 23년 후, 독일에서는 《안톤 라이저》 1권이 출간되고, 1790년까지 나머지 세 권이 나왔다. 저자는 칼 필립 모리츠(1756~1793)로, 그는 1783년부터 1793년 사이에 10권의 〈체험의 영혼학 잡지〉라는 것을 발간했다. '심리학적 소설'이라는 부제가 붙은 이 책들에서 저자는 자신의 유소년기를 서술하였다.

철학적으로 접근했던 루소와 달리 칼 필립 모리츠는 유년기의 고유성을 인식하지 못할 때 어떤 부정적인 결과가 야기되는지를 주관적으로 생생하게 묘사했다. 자신의 유년기를 분석하는 이 주관적이고 내면적인 시각은 유년기를 문학적으로 '발견해냈다'는 의의를 갖는다. 이것은 루소 이래의 계몽적 교육학자와 철학자들의 앞선 사유가 없었다면 불가능했을 발견이었다. 이러한 유년기의 발견은 세계문학에 큰 각인을 심어주었고 오늘날까지 우리의 사고에 영향을 끼치고 있다.

《안톤 라이저》[17]는 어린이에게 사랑과 다정함, 친밀함을 줄 줄 모르는 교육을 비판하는 분명한 호소를 담고 있다. 이 소설의 주인공인 안톤이 생각하는, 이 세상으로부터 도망치는 유일한 기회는 교육을 받는 것이다. 일찍부터 읽기를 배운 그는 성서를 연구하고 성인들의 책을 읽는다. 안톤은 아버지가 금지한 소설의 세계를 발견하고, 16살 때는 학문적이고 철학적인 서적을 발견하게 된다. 그리고 이제 그가 인식한 세계가 하나의 전체로 만들어지며 그는 '생각의 희열'을 알게 된다. 이 시기에 그에게 가장 중요한 작가는 셰익스피어였는데, 혼자서 읽는 것으로는 만족할 수 없어서 그는 학생들을 불러모아 연극을 해보지만 만족하지 못한다. 결국 그는 직접 글을 써서 성공을 거두지만 박식한 배우로 이곳저곳을 떠돌아다니는 걸 더 좋아한다. 결국에 안톤은 자신이 교육자의 역할을 행사하는 자가 된다.

유년기의 발견이라는 업적에 있어 칼 필립 모리츠도 루소만큼 공적이 있다. 오늘날 우리가 유년기에 대해 심리적으로 통찰하고 자기 자신을 성찰하며 어린이들에게 감정을 이입하는 능력을 갖추게 된 것은 본질적으로 칼 필립 모리츠 덕분이다. 그가 어린이들에게 책 읽기와 생각하기를 가르치기 위해 쓴 《ABC책(ABC-Buch)》[18]을 상기해보면 납득할 수 있을 것이다.

역사를 돌이켜보면 유년기는 발견되어야 했고, 어쩌면 '발명'되어야 했던 것인지도 모른다. 즉, 인간이 유년기와 청소년기를 거쳐 성인이 된다는 생각이 언제나 당연하지는 않았다는 것이다. 루소의 소설 《에밀》이 있고 나서야 18세기 중반부터 인간의 성숙과정에 대한 생각이 널리 퍼져나갔고 또한 요한 하인리히 페스탈로치(1746~1827)나 프리드리히 프뢰벨(1782~1827) 같은 중요한 교육학자들도 영향을 받게 된 것이다. 루소의 발견이 있고 나서야 어린이 특유의 지각 및 사고방식과 감수성 및 고유성에 시선이 미치게 된 것이다. 이러한 발전의 연장선상에서 19세기에 일련의 유아 및 아동 전기물이 출판될 수 있었고, 20세기에 들어서는 발달심리학이 독자적인 학문원리로 성립될 수 있었다.[19]

어린이의 사고에 대한 연구분야에서는 발달심리학의 선구자라 할 수 있는 장 피아제(1896~1980)가 그의 이론과 실험, 어린이의 사물인식 과정에 대한 연구를 통해서 작업을 해냈다. 피아제의 연구는 교육학에서 광범위한 영향력을 발휘하고 있으며, 또한 피아제는 어린이 철학에서도 중요하기 때문에 그의 기본 관심과 연구결과를 짧게 살펴보자.

피아제는 임마누엘 칸트(1724~1804)의 영향을 받아, 인간은 지각하고 사고하는 결정적인 범주와 능력을 갖고 있다는 데서 출발한다. 그는 사고란 사실과 정보의 집적에 불과한 게 아니라 우리가 무엇을 어떻게 체험하는지는 우리의 인식능력에 달려 있다고 보았다. 칸트에게서 출발한 피아제는 이러한 인식능력이 인간의 성장과정의 변천에 종속된다고 보았다. 어린이와 어른의 사고의 차이는 단지 양적인 차이가 아니기에 단지 누가 더 퀴즈를 적게 혹은 많이 맞히는지 따위로 표현될 수 없다고 보았다. 어린이와 어른은 사고하는 방식에서 차이가 난다는 것, 즉 어린이는 어른과 다르게 사고한다는 것이다. 어린이는 발달과정에 따라 몸이 변화하듯, 인지능력 역시 역시 어른이 되기까지 계속적으로 변화하며, 어린이에게는 논리적 사고가 낯설다. 피아제는 동료들과 함께 어린이들을 대상으로 실험하고 체계적으로 관찰하여 다음과 같은 단계들을 도출하였다.

감각운동적 단계(생후 2년까지)

피아제는 이 시기에 어린이에게 지능이 깨어난다고 말한다. 어린이는 '전 개념적 사고'를 발달시키는데, 이것은 순전히 지각과 행동의 층위에서만 이루어지는 것이다. 피아제는 본능적 반응의 단계에서 최초의 표상적 사고단계에 이르기까지의 여섯 단계를 제시한다. 생후 2년 반이 지나면서 어린이는 행동을 내면적으로 시행해 보고 그 행동의 결과를 예상하는 능력을 갖추기 시작하는데, 그 과정을 통해서 어린이는 사고단계로 이행하게 된다. 관념적 재현에 이르는 단계로, 중요한 한 가지는 이른바 대상의 영속성이다. 즉 어린이는 자신이 직접 경험하고 있지 않을 때도 대상이 계속 존재한다는 것을 이해하게 된다. 두 번째 중요한 단계는 어린이가 시간차를 두고 모방하는 능력을 갖추게 되는 것이다.

전-조작적 단계(생후 2년부터 7년까지)

이 시기에 최초의 언어획득이 이루어지고, 후반부에는 최초로 개념적이고 논리적인 사고의 토대가 마련된다. 생후 4년이 지나면 어린이는 사물을 공간적-시간적-논리적 관계 속에서 상상할 수 있게 된다. 이 기간에도 어린이의 사고는 구체적인 시각체험에 한정된다는 (전-조작적 단계의) 특징이 매우 강하다. 피아제는 사물의 양에 관련된 문제에서 전-조작단계에 어린이가 나타내는 한계를 보여준다. 예를 들어 어린이의 눈앞에서 둥근 공 모양의 찰흙을 기다란 막대 모양으로 변형시키면, 어린이는 물체의 양이 늘거나 줄었다고 생각한다. 찰흙의 양이 그대로일지도 모른다는 생각을 하지 못한다. 이 시기에 어린이는 사물의 한 측면만을 인지할 뿐, 변형시킨 찰흙의 길이와 둘레를 연관시켜 생각하지 못하기 때문에 그저 '막대는 공보다 길다. 그러니까 양도 더 많다.' 혹은 '공이 막대보다 더 두껍다. 그러니까 양도 더 많다.'고 생각한다.

구체적 조작단계(생후 7년에서 11년)

토머스 셸링은 그의 저서에서 피아제가 설정한 '구체적 조작단계'의 어린이가 사고하는 방식에 관해서 '사고에 질서가 잡힌다'는 제목을 붙였는데, 이는 매우 적절하다.[20] 이제 어린이의 사고는 점차 구체적인 개별적 관찰내용들에 제한을 받지 않게 된다. 점차로 어린이에게는 눈으로 본 것뿐만 아니라 사물과 상황을 관념적으로 상상해보는 일의 비중이 높아진다. 사물의 다양한 측면을 서로 연관시켜보는 조작(operation)이 가능해지는 것이다. 찰흙 공의 모양이 변해도 양은 변하지 않는다는 것을 알게 되는데, 이는 둘레와 길이를 함께 고려하여 물체의 양을 이해한 결과이다. 그럼에도 불구하고 이러한 사고능력은 구체적으로 주어진 것, 눈에 보이는 대상이거나 상황에 연관되어 있다. 이런 연관성 없이는 여전히 전-조작적 단계의 한계가 나타난다.

형식적 조작단계(생후 11년에서 12년)

셸링은 이 단계를 '지능이 논리적이 된다'는 제목으로 다루었다. 어린이의 사고는 이제 눈에 보이고 손에 잡히는 것으로부터 추상화를 한다. 어린이는 가정하고, 가정을 의도적인 실험을 통해 확인해 본다.

이제 개별적인 단계들에 대한 설명들을 마치고 발달이론 자체에 대한 논의로 넘어가자. 원래 피아제의 이론을 포함해서, 단계를 설정하는 이론들은 오해를 받을 소지가 크다. 이론을 만든 이들조차 이러한 오해로부터 안전하지 않다. 어린이의 사고에 대한 피아제의 발달이론은 비판적인 관점에서 조명될 수도 있다. 즉 '한 번 인식된 단계는 불변하는가', '아이의 사고를 완전하게 설명하려는 시도는 온당한가?', '각각의 단계들을 연령별로 고정시키는 방식은 합리적인가?' 등등. 이런 비판적 문제제기는 발달이라는 개념과 직접적인 관련이 있다. 발달(Entwicklung)이란 단어는 원래 라틴어에서 두루마리 책을 펼친다는 뜻의 어휘인 에볼루치오(evolutio)에 뿌리가 있다. 책이란 우선 전개될 장들이 정해져 있고, 또 각 장들은 쪽수가 매겨진 종이 위에 내용이 빽빽이 들어찬 것이다. 하지만 아이의 존재는 책과는 다른 것이 아닐까? 발달심리학도 아이의 행동과 사고를 마치 책을 펼쳐 읽듯이 알 수는 없다. 이러한 근본적 한계를 감안하기만 하면, 피아제의 이론은 아이의 사고와 상상의 세계를 이해하는 데 중요한 통찰들을 준다고 할 수 있다.

어린이 철학이라는, 아직은 연원이 짧은 학문이 지닌 약점 한 가지는 발달심리학이 성취한 인식을 불신하는 입장을 취하는 것이다. 하지만 어린이 철학은 발달심리학의 '단계이론을 무조건 수용하는 편협성'을 경계해야만 한다.

인간은 유기체이고 마음을 지녔으며, 또한 사회적 존재이다. 어린이 또한 사회학적 관점에서 넓게 바라보는 것이 중요하다. 사회학은 인간을 사회적 존재, 다시 말해 여러 사람들 사이에 위치한 존재로 본다. 사회는 개인들의 단순한 총합 그 이상이다. 인간은 본질적으로 다른 인간과의 관계에 묶여 있다. 규칙과 규범을 전수하고 체득하여 공동의 삶이 비로소 가능해지는 일을 사회학은 '사회화'라는 개념으로 부른다. 사회화란 인간이 사회 안에서 비로소 사람이 되는 과정을 뜻한다.

동물들은 세계에 아무런 질문도 던지지 않는 직접적인 삶, 의식 없는 확고한 삶을 살지만, 인간은 세계 안에서 확연한 본능에 따라 사는 것이 아니기에 배우면서 주변 환경을 체득해야 한다. 인류학은 이 같은 이해방식에 따라 인간을 '미완의 동물(니체)' 혹은 '결핍된 존재(겔렌)'로 표현하기도 한다. 그런가 하면 막스 셸러는 인간이 '세계(에 대한) 개방성'을 지닌 존재라고 규정하였다.

이러한 동물적 확고성과 인간적 불확실성, 혹은 동물적 완결성과 인간적 개방성을 우리는 어린이 철학의 관점에서 달리 표현해 볼 수 있을 것이다. 확고성과 불확실성, 완결성과 개방성이라는 양

극 사이에 위치한 인간은 '모호한 존재'다. 인간은 결핍된 존재로서 위협받기 때문에 그 존재가 모호하다. 인간은 환경을 배운다고는 하지만 언제든 실패할 수 있다. 이처럼 모호한 존재인 인간은 그래서 다른 한편으로는 스스로 질문할 여지가 큰 존재이다.

> "
>
> 인간은 세계에 대해 개방적인 태도를 지닌 존재이다. 인간은 질문하는 능력과 질문할 가능성 덕분에 다른 모든 생명체를 뛰어넘는다. 어린이 철학은 바로 인간이 지닌 이러한 중요한 가치를 모색한다.

우선 불확실성이라는 측면을 살펴보자. 철학자 루드비히 비트겐슈타인(1889~1951)이 《확실성에 관하여》[21]에서 말했듯이 모든 '의심'은 의심되지 않은 것을 배경으로 해서만 가능하다. 비트겐슈타인은 시험 삼아 "내가 아는데…."라는 말 대신에 "내가 아는 것 같은데…." 정도의 말만 허용된다고 생각해보라고 한다.[22] 어떤 일이 생길까?

그 결과는 불확실성과 이로 인한 장애일 것이다. 누군가에게 길을 물어본다고 치자. 상대방은 내게 "곧장 두 블록을 가다가 왼쪽으로 꺾어서 좀더 가야 한다고 아는 것 같다."고 한다. 그 대답을 듣고 나는 상대방이 '아는 것 같은' 길이 정말 맞는 길인지 아닌지를 판단해야 한다. 하지만 길을 몰라서 물어본 내게는 판단의 근거가 없기 때문에, 다음 사람에게 다시 길을 물어본다. 두 번째 상대방도 같은 길을 가르쳐주지만, 그러고 나서 강조하기를, 자기는 그 길이 맞는 것 같다고 생각할 뿐이라고 한다. 확실히 하기 위해서 나는 세 번째 사람에게도 길을 묻는다. 서로 무관한 세 사람이 전부 똑같은 길을 내게 가르쳐주면, 두 사람의 대답만 일치했을 때보다는 '그 길이 옳은 길일 가능성'은 큰 것이다. 하지만 나는 시계를 한번 본 뒤 더 이상 길 묻기를 포기하고 만다. 이미 약속시간이 지나버렸기 때문이다. 이렇듯 불확실성은 일상생활에서 장애나 지연을 초래한다.

우리는 이 작은 상상의 예를 통해, 인간은 모든 걸 의심해서는 살아가기가 곤란하다는 사실을 알 수 있다. 사람들은 통례의 규칙을 따라 통례적으로 행동할 뿐이다. 인간은 통례성을 통해 살아간다.[23] 어린이들은 바로 이 통례성을 배워야 일상생활에서 꼭 질문하지 않고도 행동을 할 수 있다. 교육은 안정적이어야 한다. 그렇지 않다면 무엇을 가르치고 무엇을 배워야 할지가 불분명할 것이다. "어린이는 어른들을 믿으면서 뭔가를 배운다. 질문은 믿음이 있어야 나오는 것이다."[24] 비트겐슈타인의 이 명제에서 우리는 중요한 지침을 얻는다.

어린이와 함께 철학하기란, 세상을 앞에 놓고 아이에게 모든 걸 의심하게 하거나 아이에게 답을 뒤로 미루도록 하는 게 아니다. 어린이 철학은 삶과 질문들의 지평을 열어놓은 채로 놔두는 데 도움이 되어야 할 것이다. 그래야 아이들은 자신의 환경 가운데서 친숙한 정서를 가질 수 있을 것이다. 또한 어린이 철학은 자유로움을 지켜내야 한다. 어린이가 그들의 자유를 어떤 편협한 압력이나 사이비 안전을 대가로 내주지 않도록 말이다.

통례성은 어느 정도 확실성을 준다. 통례성이란 대개의 경우 나타나며, 따라서 기대나 예상에 상응하는 것이기 때문이다. 하지만 기대와 예상 자체도 변화한다. 우리가 기대하고 예상하며 또한 다른 누군가가 우리에게 기대하고 예상하는 것은 사회적 변화에 영향을 받는다. 지난 수십 년 전만 해도 사람들은 오늘날과는 다른 기대와 예상에 맞춰 살았다.

오늘날의 사회는 어떠한가? 현재 정치적, 철학적 논쟁에서 '포스트모던 사회'라는 개념이 확고한 자리를 차지하고 있다. 포스트모던 사회란 규율과 제도적 구속에 대립되는 개인의 자유와 개성을 강조하는 개념이다.[25] 이러한 변화가 오늘날 사회에서 다양한 현실을 통해 가시화되면서 개인들은 이전에는 확고했던 삶의 양상을 벗어나고 있다. '정상가족'의 해체, '정상적 노동환경'의 유연화, 교회로부터의 이탈, 조합 및 공동체의 매력감소 등을 일례로

들 수 있다.

그런데 중요한 것은 얼마나 많은 사람들이 예전과는 다른 궤도에서 삶을 사는가가 아니다. 결정적으로 중요한 것은 이 새로운 삶의 양상들이 사회적으로 승인된 모델이 된다는 사실이다. 사회적으로 새로운 삶의 방식이 승인되고 확산되면서 개인들은 자신의 삶을 스스로 꾸며나가기를 요구받게 되는 것이다. 전에는 정상적인 삶이 지배적인 모델이었다면, 이제는 전통적인 삶의 규범이 해체되면서 개인이 온갖 위험성을 고려하는 가운데 '선택할 수도 있는 하나의 삶의 방식'[26]에 불과하게 된다. 개인에게 사회의 개인화라는 '무거운 짐'이 부과된 셈이다.[27] 그러나 개인이 결정을 내릴 일이 전보다 많아졌다고 해서 곧 개인의 선택이 자유로워졌다거나 또는 목표를 방해받지 않고 관철시킬 수 있게 된 것은 아니다. 개인화 추세는 대세이지만 사회적 환경 및 계층의 결정력은 사라지지 않았으며, 따라서 개인화란 단지 "제한된 범위 안에서의 개인의 선택"[28]을 뜻할 뿐이다.

개인의 선택 가능성이 많아지고 사회적인 방향설정에 대한 제안들이 늘어나면서 철학도 실제 삶 속에서의 실천과 관련하여 과제를 부여받게 된다. 그래서 지난 수십 년간 철학이 강단철학의 영역 바깥에서 만인이 오가는 광장으로 복귀하게 된 것이다. 서양의 철학은 원래 약 2,500년 전에 그리스의 광장에서 시작된 것이 아닌가.

> 철학은 '철학 카페'나 삶 속에서 실천하는 철학이라는 형태와 맥락으로 다시 다수 대중과 만나게 되었다. 삶 속에서 실천하는 철학을 중시하였기에 우리는 또 어린이 철학에 큰 관심을 두게 되었다. 어른들이 당면한 것과 똑같은 문제와 과제들을 어린이들 역시 느끼고 발견하고 있다. 이 사실에 놀라선 안 된다. 어른이나 어린이나 한 세상 안에 살고 있지 않은가. 그런데 이 세상은 어떤 세상인가. 이 세상은 어린이들의 방문 앞이라고 해서 오던 발길을 돌리는 일은 없는, 그런 세상이다.

　앞서 말한 사회적 변화는 아이들이 태어나 자라는 환경에 직접적인 영향을 끼친다. 사회 안에서 개인이 삶의 형태를 선택할 여지가 늘며 가정에서도 변화가 일어났다. 예전에는 가족이 주었던 친밀한 분위기의 관계를 이제는 집 밖에서도 다양하게 체험할 수 있게 되었다. 이렇게 변화된 사회에서 어른들은 살고 있으며, 상이한 구도이긴 하지만 부모와 자녀들 역시 상이한 구도로 이 안에서 함께 산다.

　지난 몇십 년 동안은 지속적으로 핵가족 형식의 매력이 컸다. 그래서 절대 다수의 사람들이 장차 어떤 삶을 살 것인지 구상할 때 핵가족을 떠올렸다. 핵가족 모델은 아버지와 남편, 엄마와 아내, 한 명이나 두 명의 자녀로 구성되는 것이다.

그런데 이 모델이 점차 인기를 잃고 있다는 사실은 인구통계학적 자료를 통해 확인된다. 우선 여성들은 갈수록 첫아이를 늦게 낳는데, 이는 가정을 만드는 일이 가정 외적인 활동 때문에 최소한 일정 기간만이라도 미루어진다는 뜻이다. 전통적인 가정이 부실해지는 증표인 이혼율의 증가와 더불어 다양한 삶의 방식들 사이를 이동하는 현상이 두드러진다. 엄마들을 포함해서 여성들의 경제활동이 증가하면서 종래에 여성들이 자발적으로 선택하거나 경제적인 압박 때문에 감수해야 했던 전통적인 성 역할이 해체되고 있다. 이에 비해 남성들의 경우는 비교적 역할이 고정적이라고 할 수 있다.

요약컨대, 지난 2~30년 동안에 전통적인 핵가족 이외에도 다양한 삶의 형태가 자발적으로 혹은 어쩔 수 없이 점점 늘어났다고 볼 수 있다.[29] 따라서 여전히 종래의 견고한 가족관계 안에서 사는 어린이들이 다수이기는 하지만, 갈수록 많은 어린이들이 가족관계에도 여러 가지 방식이 있다는 사실을 받아들이고 있다.

또한 가정 내부적인 관계도 변화를 겪고 있다. 부모들이 직업과 직업 외적인 활동에 시간을 할애하기 때문에 어린이들에게는 전에 비해 (어떤 이들은 이 점을 매우 우려하지만) 자유롭고 독립적으로 행동할 여지가 훨씬 커졌다. 그리고 비권위적 교육에 관한 논의를 통해 발전된 민주적 교육의 결과로 기존의 명령 위주의 가정

생활은 부모-자식 간의 공동결정과 타협적 행동으로 변모되었다.

아이들에게 자유공간이 많이 생기면서 가정은 다른 사회화 집단 및 기관과 경쟁하게 되었다. 첫 번째는 유소년들에게 특히 강한 영향력을 끼치는 또래집단이다. 예로부터 또래집단은 어린이가 성장해가는 데 매우 결정적인 관계였다. 유소년기의 발달과정에서 어딘가 소속되고 또 스스로 또래와 비교하는 일은 매우 중요한 부분이다.

대중매체도 가정의 경쟁자이다. 80년대 초부터 유선방송의 도입으로 대중매체의 일상적 비중은 이전보다 더 커졌다. 사회화 기구로서의 가정은 유소년들이 특히 대중매체에 밀착되면서 경쟁의 압력을 받게 되었다. 이는 단지 퍼부어대는 공격적인 광고 때문만은 아니다. 유선방송사들의 광고는 가면 갈수록 어린 미취학 시청자들을 겨냥해 공략해온다.[30] 광고의 압력이 포괄적으로 증가하여 책을 원작으로 한 영화가 나오고, 광고음악 가운데 히트작만 모은 CD가 나오는 식으로 아이들을 겨냥한 상품시장은 대중매체와 공모하고 있는 것이다.

그 결과는 어린이와 청소년들의 삶의 공간이 거침없이 상업화되어, 그들에게 중요한 건 "누가 얼마나 좋은 것을 가졌나?", 그래서 "누가 더 우월한가?" 따위의 질문이다. 갈수록 어린이들의 문화가 상업적인 성격을 띠고 있다. 일찍부터 어린이들에게 소비사회의 기본 규칙들이 전수된다. 소비란 자연스러운 것이고, 풍족하게 하며, 남들한테 인정을 받게 한다. 이 '소비사회의 아이들'을 마치 작은 괴물처럼 묘사하는 일이 옳으냐고 한다면, 물론 그렇지 않을 것이다. 왜냐하면 어린이들의 삶과 어른들의 세계는 밀접히 결부되어 있기 때문이다. 어른들의 세계는 어떠한가? 비록 문제점과 한계를 말하기는 하지만 결국 성장위주의 철학이 경제체제를 관철하고 따라서 개개인의 삶에까지 침투되는 것이 어른들의 세계이다. 어른과 어린이 모두에게 소비는 나날의 일이다. 이것을 비판할 수는 있지만 문제 자체를 없앨 수는 없다. 어른들의 세계는 어린이들의 방문 앞에서 멈춰서지 않는 것이다.

오히려 현실을 보면 아이들의 방은 집중공략의 대상이다. 어린이와 청소년들의 구매력이 직간접적으로 증대된 것이 알려지면서 이들은 중요하게 대우해야 할 경제요인으로 간주된다. '광고과학자들'과 기업들은 어린이와 청소년들을 이 세상 안을 능란하게 움직여다니는 주역으로 간주한다.

물론 대중매체를 광고와 상업화의 측면에서만 보는 시각은 지나치게 협소하다. 대중매체가 어린이에게 끼치는 영향은 훨씬 넓은 시각으로 논의해야 한다. 이미 80년대 중반에 닐 포스트먼(Niel

Postman)은 "유년의 소멸"[3]을 말했다. 포스트먼은 상이한 세대가 대중매체를 통해서 서로 근접하게 된다고 보았다. 어린이나 청소년들, 뿐만 아니라 어른들에게 공통적으로 다가서는 대중매체는 이들 모두에게 공동의 현실을 만들어낸다. 아이들이 접할 수 없는 주제라는 것은 폭력, 전쟁, 상품, 매춘, 가정불화 등을 포함해서 더 이상 존재하지 않는다. 유년기는 더 이상 어른이 될 때까지 뭔가로부터 보호되며 준비하는 과정이 아니다. 그런 성장기간이 사라져버린 것이다. 앞서 우리는 '유년의 발견'에 이르는 과정을 살펴보았는데, 포스트먼의 논지를 연장시키면 이제 우리는 오히려 역사적으로 '중세로 귀환'한 것과 다름없을 것이다. 왜냐하면 중세에도 유년기와 성인 세계의 분리가 이루어지지 않았기 때문이다.

포스트먼의 논지에 몇 가지 비판을 할 수 있다. 전체적으로 그의 논지는 테두리를 설정하지 않고 강하게 문화비관주의적인 어조를 띤다. 그는 모든 매체를 부정적으로 평가하는데, 매체교육학적 측면에서 좀더 세분하여 접근했더라면 더 풍성한 수확이 있었을 것이다. 하지만 포스트먼은 적어도 우리의 논의의 맥락에 충분한 사실 한 가지를 제시해준다. 즉, 어린이의 세계는 차폐될 수 없는 현실이라는 것 말이다. 어린이들은 대중매체가 만든 현실 속에 방치되어 있다.

가정이 다양한 형태를 취할 수 있고, 어린이와 청소년들은 소비 문화에 지배되며 대중매체가 이들의 현실을 조성하는 비중이 커졌다는 것, 이런 측면에서 우리는 사회적 변화에 따른 어린이의 삶의 환경을 살펴보았다.

이런 사회적 변화 속에서 일상적인 삶의 문제들을 잘 다스리려면 어떻게 해야할까? 우리는 '확실성'이 필요하다는 방향에서 답을 모색하였다. 행동의 자유공간이 넓어졌다는 것은 동시에 확실성이 해체된다는 것을 뜻한다. 어떤 삶의 형태이든 더 이상 당연하거나 자명하게 선택하기는 어렵게 되었다. 삶을 사는 개인의 입장에서 이런 변화는 불안과 가치설정의 문제가 증가된 셈이다. 이것은 어른들의 문제이기도 하고, 또한 나타나는 방식은 달라도 어린이들이 당면한 문제이기도 하다.

오늘날 어린이들은 일찍부터 복잡한 환경에 노출된다. 이러한 환경 속에서 어린이들이 삶의 방향을 설정하고 자기 자리를 발견해야 한다는 과제는 어른들의 경우와 다름이 없다. 우리가 사는 세계는 다양한 형태로 복잡하기 그지없고 개괄하기가 불가능할 때가 많다. 이런 세계에서 좌절하지 않으려면, 다시 말해 개인이 자신을 개인으로서 관철시킬 수 있으려면, 어린 시절부터 지속적으로 발휘할 어떤 능력을 키워주어야 한다. 어린이와 더불어 철학하기는 이에 도움을 줄 수 있다.

2장. 어린이와 철학

19세기의 중요한 철학자인 헤겔은 철학을 "개념의 시도"[32]라고 정의하였다. 그에 따르면 철학의 중심적 과제는 뭔가를 개념화하는 것이다. 개념이 있은 후에야 뭔가는 파악되었다고 할 수 있다.

이제 어린이와 철학에 관해 이야기하자. 어린이와 철학이 어떤 관계라는 건지 처음에는 모호하기만 하다. 그 관계들은 어린이 철학, 어린이를 위한 철학, 어린이와 함께 철학하기 등의 몇 가지로 표현될 수 있다. 개념이 모호할 때 종종 일어나는 일이지만, 여기서는 언어적 표현을 두고 시비하는 것이 아니다. 지금 개념의 모호함은 표현이 아니라 사태에서 유래한다. 왜냐하면 어린이와 철학의 관계는 다양하게 파악될 수 있기 때문이다. 위에서 어린이와 철학에 관해 몇 가지 표현이 제시된 것은 사태의 다양함을 반영할 뿐이 아닐까?[33]

어린이 스스로 철학하기

'어린이 철학'이란 말은 의미가 선명하지 않다. 우선 어린이 철학은 어린이에 대한 철학을 뜻할 수 있다. '아동심리학'이란 말처럼 어린이를 학문적 연구의 대상으로 삼는 경우이다.

그런가 하면 어린이 철학은 어린이가 스스로 행하는 철학을 뜻할 수도 있다. 철학자이자 의사였던 칼 야스퍼스(1883~1969)는 50년대에 '유년의 철학'이란 개념을 사용했는데, 그 의미는 '어린아이 같은 생각을 한다.'는 뜻은 아니었다. 그는 오히려 어린이와 철학이 본래 가깝다는 확신을 갖고 있었다.

누군가 수집하려고 마음만 먹는다면 어린이가 철학하는 풍부한 예를 찾아낼 수 있을 것이다. (…) 어린이가 철학하는 것은 단지 우연일 뿐이고 더 이상 철학적 사고를 진행하지 못한다고 비판하는 사람은 중요한 사실 하나를 놓치는 것이다. 즉, 어린이들은 흔히 성인들이 나이를 먹으며 잃어버리는 어떤 천재성을 갖고 있다는 것 말이다.[34]

철학하는 어린이의 한 예를 들자면, '노라 K'와 철학자 비토리오 회슬레가 교환한 서신내용을 들 수 있다. 이 편지들은 1997에《죽은 철학자들의 카페, 어린이와 어른을 위한 철학적 서신교환》이라는 제목의 책으로 출간되었다.[35] 이 책은 노라가 11살 때부터 수년간 전개하는 철학적인 사고들을 담고 있다. 회슬레는 어느 순간부터는, 노라 또래의 어린이가 철학적인 편지를 쓰는 걸 놀랍지 않게 생각하게 된다. 오히려 그가 안타깝게 생각하는 것은 노라처럼 철학적 사고를 발전시키는 어린이들이 매우 적다는 사실이다. 그렇게 된 이유는 교육기관이나 사적인 환경이 어린이를 더 나아가도록 지원해주지 않기 때문이라고 회슬레는 생각한다. 회슬레는 철학적 재능을 포함해서 어린이들이 지닌 재능에 대해 어른들이 책임을 느끼고 성심껏 다루지 않는다고 비판한다.

그런데 여기에서 두 가지 비판적 단서를 두어야 한다.

첫째, 개념적 불명료성이다. 노라는 책의 상당 부분에서, 어린이라기보다는 청소년이라고 보아야 한다. 이런 의미에서 어린이 철학의 연령범위는 상당히 넓어질 수밖에 없다. 혹은 '어린이와 청소년 철학'이라고 해야 할 것이다. 다음 단락에서 연령구분에 대해 좀더 이야기하겠다.

둘째, 노라와 회슬레가 교환한 편지를 보면 노라가 문화적-사회적으로 우월한 계층에 속해 있다는 걸 알 수 있는 부분이 많다. 노라의 아버지는 고대 그리스어를 읽을 줄 알고, 어머니는 회슬레의 철학세미나를 수강하며, 노라는 셰익스피어의 극을 보러 간다. 노라의 가족은 텔레비전을 보지 않는다. 대부분의 어린이들은 이런 환경에서 살지 않는다. 그래서 어린이가 철학을 한다면 엘리트 계층에서나 가능한 혹은 영재아들의 활동인 듯한 인상을 준다. 하지만 이런 인상을 우리는 적극 부인하고 싶다. 철학은 '질문하기'이지 '교양이나 지식'이 아니다. 양자 사이에는 벌어진 틈이 있다.

어린이를 위한 철학

'어린이 철학'과 구분할 것으로 '어린이를 위한 철학'이 있다. 이것은 어린이에게 철학을 전달한다는 뜻이다. 어린이를 위한 철학의 좋은 예로 요슈타인 가아더[36]의 《소피의 세계》를 들 수 있다. 이 책은 90년대에 모두의 예상을 깬 베스트셀러가 되었고 이후로도 계속 잘 팔리고 있다. 《소피의 세계》는 액자소설 형식의 철학서다. 앞서 편지를 쓴 노라도 이 책에서 철학적 사고의 도움을 받은 면이 크다. 노라의 서통 상대였던 회슬러는 《소피의 세계》는 어린이와 청소년들보다 어른들에게 더 많이 읽힌 책이 아닐까 추측한다.

"《소피의 세계》가 과연 어린이를 위한 철학서인가?"라는 질문에 대한 답은 "아니요."이다. "《소피의 세계》가 청소년을 위한 철학서인 건 맞는가?"라는 질문이 적당하다. 또 책이 많이 팔렸다고 정말 자주 읽히는지도 문제다. 책이 많이 팔린 배경 가운데 하나를 이야기해볼까? 이 책은 선물용 도서로 아주 인기가 높았는데, 그 이유는 이 책이 그 내용상 선물하는 사람의 이미지를 좋게 하는 데 적당한 경우였기 때문이다.[37] 어쨌든《소피의 세계》가 많이 팔리기는 했지만, 그렇다고 해서 어린이들이 철학에 전보다 더 관심을 많이 갖게 되었는지는 의심스럽다.

어린이와 함께 철학하기

어린이 철학의 세 번째 뜻은 '어린이와 함께 철학하기'이다. 이 개념에서 중요한 것은 철학의 '활동적' 측면이다. 우리는 이 개념이 적합하다고 생각한다. 그래서 이 책의 나머지 논의에서도 계속 이 개념을 사용할 작정이다.[38] 어린이들에게 지식으로서의 철학을 전달하는 것만으로는 충분치 못하다. 왜냐하면 칸트의 말대로, 철학이 아니라 오직 철학하기만을 가르치거나 배울 수 있기 때문이다.[39] 어린이와 함께 철학하기는 앞서 제시한 두 가지 다른 형태의 어린이 철학을 부정하는 것이 아니다. 다른 형태의 어린이 철학들은 어린이와 함께 철학하기 안에 보존되어 있다고 보아야 한다. 생각해보라. 어린이가 스스로 철학적으로 사고하는 데 관심이 없다면 어떻게 어린이와 함께 철학하기가 가능하겠는가? 또한 '어린이를 위한 철학'이 없다면, 어린이들이 스스로 철학적 사고를 성숙시키고자 할 때 어디에서 도움을 받을 수 있겠는가?

앞으로의 논의는 이제 말한 어린이와 철학의 세 가지 관계들을 모두 포용할 것이다. 물론 논의는 그 중점이 어디에 있는가에 따라 구분되기도 해야 할 것이다.[40] '어린이를 위한 철학'에 중점이 놓일 때는 '매개의 이론'을 논할 때이다. 이 연구경향의 대표자는 미국의 철학자 매튜 리프먼(Matthew Lipman)이다. 여기에 소크라테스적 사고법을 참조한 방법을 덧붙일 것이다.

'어린이 스스로 철학하기'에 중점이 놓일 때는, 철학하기를 자신과 세계를 해명하는 과정으로 제시하게 될 것이다. 이러한 논의를 우리는 '해명이론'이라고 부르겠다. 이 논의에서는 80년대 이래로 독일에서 어린이와 함께 철학하기의 선구자인 에케하르트 마르텐(Ekkehard Marten)의 사고작업을 참조할 것이다. 물론 이러한 경향의 역사적 배경에는 20세기 초의 개혁적 교육학이 있는 것이 사실이다. 1920년대에 독일에서는 어린이와 함께 철학하기가 제1차 세계대전 이후 사회적인 가치설정의 문제에 대한 하나의 가능한 해답으로 제시된 적이 있다. 어린이, 청소년들과 함께 철학하기의 대표자는 헤르만 놀(Hermann Nohl, 1879~1960)이었다. 그는 겨우 4세의 아이가 형이상학적 사고를 하고 철학적인 경탄을 나타내는 것을 보았다.

어른들이 생각하는 것보다 훨씬 더 형이상학적으로 사고하는 아이는 점차 여러 가지를 떠올린다. 지구라는 별에 대해서, 우주공간에서는 위도 아래도 없다는 사실에 대해서, 무한성의 비밀과 생의 신비, 신기한 법칙들과 수의 마법, 4살짜리를 오래 숙고하게 만드는 신의 존재의 정당성에 관한 문제에 대한 질문들, 자유와 같은 윤리학의 문제들을 말이다.[41]

그런데 어린이 철학에 관한 모든 노력들이 나치시대 초기에 파괴되고 말았다. 독일에서 다시 어린이와 함께 철학하기가 주제로 떠오른 것은 미국이라는 우회로를 통해서였다.

다음 단락에서 나는 '어린이와 함께 철학하기'의 세 가지 방향 모두를 개괄적으로 소개하겠다. 이 개괄적 소개를 '어린이와 함께 철학하기'의 서론으로 보면 될 것이다. 전 세계적으로 어린이와 철학을 가깝게 하려는 노력들은 어느새 많이 이루어져왔다. 그래서 다양한 견해들이 있는데, 우리는 이를 어린이와 함께 철학하기에 관련하여 제시하고 논할 것이다. 이를 통해서 우리는 어린이와 함께 철학하기에서 가장 중심적인 영역을 확보하게 될 것이다. 기존의 연구들을 상세하게 소개하는 것이 목적은 아니기 때문에, 기존의 견해들을 지나치게 예각화하거나 일방적으로 파악하게 될지도 모른다. 그렇지만 그것도 어린이와 함께 철학하기라는 주제에 통로를 놓자면 어쩔 수 없이 감수해야 할 일이 아닌가 싶다. 가장 중요한 것은 '어린이와 함께 철학하기'에 관한 질문들에 답하는 일이다. 그 질문들은 다음과 같다.

- 어린이들은 철학적 사고를 하는가? 만일 그렇다면 그들은 어떤 형태로 사고하는가?
- 어린이들이 철학을 할 수 있는가? 만일 그렇다면 어린이들의 철학은 어른들의 철학과 어떻게 다른가?
- 어린이가 철학하는 것은 바람직한가?

다음의 논의를 통해서 우리는 위 질문들에 답하려고 한다. 이 질문들은 그저 죽 늘어놓고서 간단히 별개로 답할 수 있는 성질의 것들이 아니다. 한 질문에 대한 답이 다른 질문에 대한 답에 영향을 끼치게 된다. 하지만 세 질문 모두 실은 네 번째 질문에 대한 답에 종속된다고 하겠다. 그 네 번째 질문이란 다름 아닌 "철학이란 무엇인가?"이다.

매개이론은 어린이들에게 특정한 철학이나 세계관을 가르치는 것이 아니다. 매개이론이 중시하는 것은 '사고능력'을 매개해 주는 일이다. 미국의 철학자 매튜 리프먼은 논리학과 미학을 가르쳐온 교수인데, 60년대 말부터 어린이를 위한 철학을 선보이기 시작했다. 그의 출발점은 어린이도 명확하고 합리적으로 논변하는 능력을 배울 수 있는데 실제로 그런 예는 찾아보기가 힘들다는 생각이었다. 그래서 리프먼은 미국의 교육제도를 철학의 도움을 받아서라도 근본적으로 개혁해야 한다고 주장했다. 그는 어린이들을 위한 일련의 철학적인 이야기들을 발표했다. 짧게 줄여서 P4C(Philosophy for Children)라고 불리는 그 이야기들은 어린이들의 사고력을 함양시키려는 뜻을 지닌 것이었다. 1974년에 그는 뉴욕 근교에 어린이 철학 발전 연구소(Institute for the Advancement of Philosophy for Children, IPAC)를 설립하였다. 여기서 그가 동료들과 한 일은 초등학교에서부터 어린이들을 가르칠 수 있는 철학교육과정을 만드는 것이었다. 이때 교재로 개발된 자료들이 바로 어린이용 이야기책이었다. 따로 마련된 교사용 참고자료에는 어린이들이 읽는 이야기들이 제기하는 중요한 물음들과 아울러 글을 떠받치는 아이디어가 제시되어 있었다.

독일어권에서는 무엇보다도 리프먼의 《픽시 이야기》와 《해리 스토틀마이어의 모험》이 알려졌다. 이 이야기들은 언어와 논리의 문제들을 다루고 있다. 예를 들면, 픽시라는 여자아이가 동물원에 가서 고대하던 '포유류 동물'을 보고자 한다. 이 이야기는 독자들에게 '포유류'라는 생물학적인 명칭은 구체적인 한 마리의 동물과 일치하지 않는다는 것을 보여준다. '해리 스토틀마이어' 이야기들은 논리학을 반석 위에 세운 아리스토텔레스와 밀접한 연관이 있다. 해리 스토틀마이어라는 이름도 아리스토텔레스의 영어식 발음, 애리스토틀을 본뜬 것이 아닌가. 이 이야기들에서 해리가 사고해서 풀어야 하는 과제는 이런 것이다.

해리는 수업 중에 잠깐 딴생각을 하다가 선생님으로부터 77년마다 태양의 주위를 돌며 긴 꼬리를 남기는 것이 무엇이냐는 질문을 받는다. 해리는 모든 행성들이 태양의 주위를 돈다는 말까지는 들었던 참이다. 그래서 해리는 어떤 행성일 거라고 대답한다. 하지만 긴 꼬리를 남기는 행성은 없기 때문에 그 대답은 벌써 틀린 셈이다. 선생님이 해리에게 질문한 것은 행성이 아니라 혜성이었던 것이다.

그런데 리프먼이 이 이야기에서 중시하는 것은 해리의 대답 내용의 맞고 틀림이 아니다. 그는 해리가 답을 내는 추리과정을 문제 삼는다. 해리는 선생님이 모든 행성은 태양의 주위를 돈다고 말하는 것을 들었다. 해리는 "모든 행성은 태양의 주위를 돈다."는 명제를 "태양의 주위를 도는 것은 모두 행성이다."라는 명제로 뒤집어 버린 것이다. 이렇게 명제를 뒤집는 과정에서 논리적인 오류가 발견된다. 리프먼은 이와 유사한 이야기들에서 "모든 S는 P이다." 형식의 명제들과 그 역을 문제로 다룬다.

지금 제시한 예는 좀 상세하게 설명했는데 그 이유는 나중에 발터 벤야민에 관한 부분에서 이 같은 명제와 그 역의 문제가 또다시 나오기 때문이다.[42]

리프먼과 동료 학자들은 어린이들의 연령대에 맞는 이야기들을 만들어냈다. 첫 번째 이야기들은 4단계로 설정되어 있다. 픽시와 해리 스토틀마이어 이야기는 10살부터 12살까지의 어린이들을 위해 꾸며진 것이다. 이 이야기들이 언어와 논리의 문제를 내세우기는 하지만, 리프먼의 생각으로는, 철학은 단지 논리적 사고방법을 배우는 데 그치는 것이 아니다. 리프먼은 《어린이들의 철학스타일》[43]이라는 논문에서 어린이들과 나누는 대화의 유형을 철학적, 비철학적, 유사 철학적, 사이비 철학적 대화들로 구분했다. 그는 이런 구분을 통해서, 대체 무엇이 어떤 대화나 사고를 철학적인 것으로 만드는지를 말하고자 했다. (플라톤은, 사고는 자신과의 대화라고 했다.) 그는 철학적 대화에 특징적인 세 가지 요소를 제시했다.

대상

대화에서 무엇을 이야기하는가를 '대상'이라고 부르자. 철학은 보편적이고 근본적인 것을 탐구한다. 신, 죽음, 자유 등에 대한 질문들은 전형적인 철학적 주제들이다. 이런 주제들의 목록은 물론 훨씬 더 길어질 수도 있다. 칸트는 이처럼 다양한 철학적 주제들을 세 가지 근본적 물음으로 묶었다.[44]

- 나는 무엇을 알 수 있는가?
- 나는 무엇을 해야 하는가?
- 나는 무엇을 원해도 좋은가?

철학은 자신의 질문을 다룰 때 개별적인 분과 학문들, 이를테면 물리학이나 생물학 따위를 배제시키지 않는다. 철학은 가장 이상적인 경우라면 개별 학문들과 집중적으로 대화를 나눈다. 그러면서 철학은 그 개별 학문들이 탐구하고 답해야 할 대상과 과제가 속하는 영역 바깥의 물음들까지 던진다.

연장

철학적 질문들에 접근하는 수단을 연장이라고 하자. 이때 연장은 철학적 사고력을 훈련한다는 맥락에서 사용하는 방법들, 즉 논리적 결론내기, 증거제시, 개념분석, 일반화, 특수한 것에서 일반적인 것을 추출하기와 그 반대과정 등이다. 다시 한번 비트겐슈타인을 거론하자. 그의 철학이 아니라 비트겐슈타인이라는 사람에 대해서 말이다.

비트겐슈타인은 참 까다로운 사람이었다. 개인적으로 그의 주변 사람들은 그와 가까이 있으면 곤란에 빠졌다. 이런 일화가 있다. 언젠가 한번은 비트겐슈타인의 친구가 영국이란 나라의 성격에 대해서 어리석어 보이는 발언을 했을 때, 그는 몹시 화를 내며 비철학적인 대화에서 철학이 갖는 의미에 대해 이렇게 날카롭게 쏘아붙였다고 한다.

논리의 문제인 걸 갖고 그렇게 어설프게밖에 말할 줄 모른다면, 대체 그 많은 철학공부는 왜 했는지 모르겠군. 사고력이 일상의 중요한 물음들을 좀더 낫게 해결하거나 (…) 혹은 마치 저널리스트처럼 눈앞의 필요에 따라서 위험한 표현을 할 때 좀더 양심에 따르도록 하지도 못한다면 말이야.[45]

비트겐슈타인은 철학적 대화를 하지 않을 때도 상대방이 엄밀한 사고를 할 것을 요구했다. 하지만 일상적인 대화의 상황에서는 종종 해명되지 않는 것들이 있다. 피상적인 것, 부정확한 것, 때로는 모순된 것들이 일상적인 대화상황에서는 흔히 발견된다. 그래서 일상적인 대화는 '몸을 뒤로 기댄 듯' 다소 느슨하게 하는 것이다. 비트겐슈타인이 모든 상황에서 그처럼 고도의 사고를 요구하지 않았더라면, 그도 같이 지내기가 조금은 편한 인간이었을 것이다. 위에서 예로 든 언쟁 때문에 비트겐슈타인은 그 친구하고 몇 달 동안 냉전상태로 예민하게 지냈다고 한다. 그럼에도 불구하고 앞서 리프먼이 어린이 철학에 관련해서 말한 것, 즉 철학의 영역 밖에서도 말을 주고 받을 때 어느 정도는 엄밀함이 있어야 할 것이라는 생각은 옳다. 한편 철학적 대화에서는 반드시 어떤 연장이 사용되는지가 드러나야 하고 또 그 연장은 올바르게 잘 사용되어야 한다.

배경

대화가 진행되는 분위기와 대화자의 자기 자신에 대한 이해를 배경이라고 불러보자. 리프먼은 스스로 규정하는 대화를 소개한다. 그는 대화집단이나 학급을 탐구공동체로 본다. 이 공동체 안에서 참여자들은 스스로 사고하고 이를 토대로 개별적으로 철학을 해야 한다.

비철학적 대화란, 리프먼에 따르면 그저 의견을 교환하고 체험을 이야기하는 것이다. 비철학적 대화에는 앞서 말한 철학적 대화의 세 가지 요소가 별로 없거나 전혀 없다. 또 철학적인 주제를 이야기하긴 하지만 연장의 사용이 미흡한 대화도 있다. 이야기를 나누고 열광하기도 하고 믿음을 표현하는 등의 일들이 일어나지만, 이런 대화는 이성의 도구를 사용하여 '진리'를 추구하는 철학적인 대화는 아니다. 그런가 하면 철학적 대화의 도구와 방법이 두드러지게 전면에 나오지만 내용은 부수적으로 기껏 사고훈련의 재료로나 쓰이는 경우가 있는데, 이런 대화는 '유사 철학적 대화'라고 부를 수 있다.

그런데 리프먼의 교재에 실린 이야기들은 개념 및 논리의 문제 영역에 집중함으로써 그 자체도 유사 철학적 대화로 보일 위험이 있다.[46] 그렇게 된 배경과 이유로는 다음의 세 가지 측면을 들 수 있다.

첫째, 리프먼의 어린이 철학프로그램으로 미국 교육제도의 문제점을 염두에 둔 것이다. 그 결과, 특별히 논리적 사고를 훈련시키는 데 집중하게 되었다. 미국의 교육상황은 곧바로 독일에서도 발견된다. 원래 미국의 교육제도를 겨냥한 리프먼의 프로그램은 80

년대 이래로 전 세계에 퍼졌고, 독일에서는 오히려 학교 바깥에서 수용되었다. 리프먼이 미국의 학교교육에서 발견한 문제점들은 독일에서는 국어와 수학 같은 과목들을 중심으로 이미 오래전부터 다루어왔다.

둘째, 리프먼과 동료 학자들은 그들의 작업이 정당하고 성공적이어야 한다는 부담을 느꼈을 것이다. 어린이를 위한 철학이 교육체계로 제도화되려면 제삼자에게도 확신을 주어야 한다. 물론 IAPC는 사립재단의 후원금을 받을 수밖에 없었는데, 그래도 사정은 마찬가지, 어떻게든 성과를 입증할 작업이 요구되었을 것이다. 그래서 논리 위주의 철학적 사고의 훈련이 강조될 수밖에 없었던 것이다.

예를 들어서, 개념과 논리 위주의 사고훈련이 읽기와 계산영역에서도 어린이의 성취도를 높인다며 철학의 유용성을 경험적으로 입증하려는 시도는 아마도 성과를 보여야 한다는 압박을 배경으로 해야 이해가 잘 될 것이다. 여기서 더 나아가 어린이의 사회적 태도 발달에도 철학이 유용한 효과를 낸다는 견해도 나왔다. 아마도 어린이 철학을 가장 잘 마케팅하는 방법은 철학을 잘하면 시장경쟁에 적합하도록 능력이 향상된다고 말하는 것이리라.

셋째, 철학을 학습 프로그램으로 만들고 유포시키자면 일종의 표준 규격화가 필요하게 된다. 이런 목적에 가장 잘 부합되는 것은, 철학적 주제에 대해 곰곰이 성찰하거나 어린이에게 사회적 태도를 매개하는 것보다는, 아무래도 형식적이고 논리학적인 사고훈련이다.

이런 배경이 있었기에 논리적 사고훈련은 어린이를 위한 철학 프로그램의 중요한 구성내용이 되었다. 과연 철학의 기술이 가르쳐질 수 있는 것인지에 대해서는 리프만도 확신하지 못한다. 하지만 그는 어린이를 철학으로 이끄는 여건들을 마련하고자 했다.

어린이가 올바르게 사고할 수 있을까?

어린이와 함께 철학하기를 이야기하면 흔히 듣게 되는 비판이 있다. 철학은 어린이들에게는 너무 어렵다는 것이다. 철학자들도 이점에서는 찬반이 분분하다. 한편의 비판자들은, 어린이들에게 너무 어려운 일을 기대하면 곤란하다고 하고, 또 다른 비판자들은, 철학이란 학문을 너무 낮은 곳으로 끌어내리려고 하지 말라고 한다. 철학자들 가운데 일부는 엄밀하고 고도로 추상적이며 방법론적으로 전개해가는 정신활동인 철학을 어린이의 사고와 연관시키는 일을 애초부터 거부한다.

철학적 관점이든 비철학적 관점이든, 앞서 소개한 두 가지 비판의 요점은, 어린이는 철학을 할 수 없다는 것이다. 이런 주장을 어떻게 이해해야 할까? 앞서의 '유사 철학적 대화'의 예를 상기해보자. 이 대화들 속에는 내용적 또는 논리적, 논변적(argumentative) 영역이 있다. 그러니 어린이가 철학적 사고를 할 수 없다는 주장도 위영역에 비추어 이해해볼 수 있다.

첫 번째 주장, 어린이는 철학적인 주제를 이야기하는 법이 없다. 어린이들은 철학적 물음들에 관심이 없다. 단적으로, 어린이들은 철학을 할 생각이 없다. 설령 철학적인 문제들을 이야기하는 일이 있더라도, 어린이들은 어렵고 추상적인 주제를 다룰 수 없다. 사정이 이런데도 어린이들과 철학적 대화를 하려고 한다면, 그건 결국 어린이들에게 지나친 요구를 하는 셈이다.

두 번째 주장, 어린이는 개념적이고 논리적인 규칙을 사용해서 사고할 능력이 없다.

첫 번째 주장은 다음 장에서 다루게 될 것이다. 두 번째 주장에 대해서는 리프먼의 사례를 참조하여 살펴보기로 하자. 어린이는 철학적인 사고를 하는 데 필수적인 연장의 사용법을 배울 수 있을까? 이 질문에 대해 리프먼은 다음과 같이 명확한 답변을 내놓았다.

어린이는 말을 배우는 순간부터 제대로 말을 하는 데 필요한 문법과 논리를 체득하기 시작한다. 예를 들겠다. 이제 말을 하기 시작한 아이에게 "오늘밤 눈이 내리면 내일은 울타리에 눈이 쌓여 있을 거야."라고 말했는데, 다음 날이 되자 아이는 창밖을 보고 이렇게 말했다. "눈이 없네. 어젯밤에 눈이 안 왔나봐."[47]

아이들은 말을 시작하기 전부터 이미 몇 가지 중요한 지각과 동작, 사고와 사회성을 습득하고 있다. 아이가 시작하는 건 주위에서 들리는 대화에서 몇 개의 어휘를 그 뜻과 함께 알아듣고 한번 따라서 말해보면서부터다. 생후 1년 반 정도가 지난 아이들은 약 50개

정도의 어휘를 알아듣는다. 이 시기가 지나면 아이들은 훨씬 더 빠른 속도로 어휘를 익히며 주변 환경과 자기의 체험을 이름 붙여 분류할 수 있게 된다. 두세 개의 단어들을 조합하는가 하면 구체적인 눈앞의 상황 이외의 것에 대해서도 말을 하기 시작하는 것이 이 무렵이다. 생후 4년이 지나면 아이들은 모국어의 중요한 기본 문장구조를 완전히 깨친다. 물론 문법적인 능력은 이후로도 계속 더 발전해갈 것이다. 어느 시기까지는 잠재적으로 언어의 형식을 알기에 말도 제대로 할 줄 알았다면, 이제는 의식적으로 말의 형식을 응용하는 시기로 넘어간다.

아이들은 말을 할 수 있게 되면, 사물들에 특성을 부여하기 시작한다. 상위개념과 하위개념을 따지고, '만일~ , ~이다'와 같은 관계도 이해한다. 또 아이들은 결론을 내고 주장형식을 사용하며, 예를 들기도 한다. 또 단어나 문장을 연결할 때 문법뿐만 아니라 논리적, 개념적인 관계들을 활용한다. 이런 사실을 볼 때 어린이는 생후 4년이 지나면 기본적인 사고력이 완성된다고 할 수 있다.

이런 맥락에서 어린이와 함께 철학하기의 연령적 하한선은 4세로 확정될 수 있다. 이는 어린이와 청소년, 어른의 철학에 아무런 차이가 없다는 뜻은 아니다. 어린이와 함께 철학하기는 아이가 연령에 따라 나타내는 사고능력을 적절히 고려하여 이루어져야 한다. 다시 한번 피아제의 견해를 상기해보자. 피아제는 발달이론에서 어린이의 사고특성을 제시했다. 개괄하면, 피아제는 어린이의 사고발달과정이 구체적인 것에서 추상적인 것으로, 눈앞에 주어진 보고 만질 수 있는 것에서 관념적으로만 떠올릴 수 있는 것으로 이행해간다고 본다. 여기서 알 수 있는 것은 모든 사고의 뿌리가 지각에 있다는 사실이다. 어른들도 다만 어린이에 비할 때 구체적인 지각으로부터 독립적으로 사고할 뿐이지, 사상을 명확히 해주는 실제의 보기를 필요로 하기는 마찬가지다. 우리가 '파악한다'고 할 때 이 말에는 손으로 쥐는 동작이 숨겨져 있다. 또 우리가 '통찰한다'고 할 때 이 말에는 눈으로 보는 행위가 담겨 있다. 이런 말들은 우리 사고의 토대가 무엇인지를 암시하는 것이다.

어린이가 지나친 부담을 받는 경우는 추상하고 논리적 문제를 해결하는 그들의 능력을 우리가 과대평가할 때다. 사실 어린이가 추상적 개념들과 논리적 문제들에 대해 나타내는 관심이란 매우 제한적이다. 어린이와 함께 하는 철학은 이런 현실을 감안해야 한다. 어린이와 함께 하는 철학은 끊임없이 신랄한 비판에 노출된다. 비판자들은 말을 가다듬지 않고 마구 비판을 해댄다. 어린이가 관심을 보이지 않고 딴짓을 할 것이며 분명 거부하는 태도를 보임으로써 어린이 철학은 톡톡히 벌을 받게 될 거라는 요지이다.

어린이 철학의 상한연령은 어느 선일까? 어린이 철학이 상한연령을 밝히지 않는 경우는 흔하다. 그래서 청소년 철학과 어린이 철학이 분명히 구분되지 않는 결과가 생긴다. 연령구분을 지나치게 허술하게 하면, 어린이 특유의 철학적 요구에 부응하지 못하게 된다. 세 갈래 범주에 근거해서 우리는 '어린이와 함께 하는 철학'은 4살에서 11살까지의 연령집단을 적당한 것으로 본다. 이는 형식적 조작단계(피아제)로의 이행이 이루어지고 초기 사춘기를 지나며 초등학교를 졸업하기 전까지의 기간에 해당된다. 이렇게 연령대를 분명히 구획해두어야만 철학에 관한 어린이 특유의 요청에 집중해서 작업을 진행할 수 있다.

소크라테스 (아무것도 가르치지 않는 교사)

리프먼의 어린이 철학에 관한 작업은 미국의 철학자 존 듀이 (1859~1952)의 영향을 받아 이루어졌다. 존 듀이는 민주주의와 교육에 관한 견해를 통해 미국의 교육체제에 지속적인 영향력을 행사했다. 리프먼이 영향을 받은 또 다른 배경이 있다면 무엇일까? 리프먼의 이야기가 대화의 형식을 띠고 있다는 사실이 힌트를 준다. 이런 대화형식의 모범은 플라톤의 《대화》이다. 플라톤의 《대화》에서 소크라테스는 여러 인물들과 다양한 주제를 놓고 대화를 나누는데, 대화 상대자들 가운데는 어린이들도 섞여 있다. 이제 철학자 소크라테스를 잠시 살펴보기로 하자.

소크라테스는 아테네에서 기원전 469년부터 399년까지 살았다. 기원전 5세기 중반 페리클레스 시대에는 국민, 더 정확히 말하면 시민이 지배권을 갖는 민주주의가 실현되었다. 민주주의의 중심 원리 한 가지는 모든 정치적 결정들이 가능한 한 공개적 토론을 거쳐 내려져야 한다는 것이었고, 또 다른 한 가지는 아테네의 시민들은 가능한 한 정치에 참여해야 한다는 것이었다.[48] 이러한 민주주의를 위해서 교육에 대한 필요성이 매우 컸다. 시민들이 공개적인 모임에서 논쟁을 벌일 때 자신의 입장을 밝히고 도시국가 아테네의 존속과 발전을 위해 중요한 정치적 결정을 내릴 줄 알아야 했기 때문이다. 당시에는 학교 교육 외에 소피스트들이 시민들의 기본 교육을 담당하는 역할을 했다. 소피스트들은 돈을 받고 가르친 최초의 직업적 철학자들이었다. 그들은 표현력이 투박하거나 법정 앞에 설 일이 있는 사람들에게 주로 수사적인 능력을 전수했다. 당시 소피스트들은 모두 인간의 정신을 교육하여 형성시킬 수 있다고 확신했다. 교육학의 시초에 그들의 존재가 있는 셈이다.

소크라테스 역시 소피스트의 일원이었지만, 그는 가르치면서도 돈을 받지 않는다는 점에서 남달랐다. 그는 아테네의 아고라(광장)를 배회하며 동시대인들을 대화로 끌어들였다. 그는 쉰이 되어서야 크산티페와 결혼을 했다. 그런데 그녀는 언제나 소크라테스의 신경을 건드리며 이런저런 간섭으로 그를 곤혹스럽게 했다고 아직까지도 전해진다. 하지만 어쨌든 소크라테스가 바깥에서 철학자 행세를 하면서도 돈 한 푼 못 번 덕분에, 살림을 꾸려가고 아이들을 돌본 것은 바로 그녀 크산티페였다.

대화는 소크라테스가 철학을 하는 형식이자 깨달음을 얻는 방식이었다. 소크라테스 자신은 글로 뭘 써서 남긴 일이 없다. 소크라테스의 영향에 대해 우리는 주로 플라톤의 초기 저작을 통해서 알고 있다. 소크라테스가 대화하는 방식을 선호했기 때문에, 플라톤 역시 그의 대화를 대화형식으로 기록하여 남겨두었다. 플라톤의 글에 나타난 소크라테스가 대화하는 모습은 오늘날까지 철학자들의 원형이다. 소크라테스가 철학을 하는 방식의 세 가지 중요한 면모를 통해 우리는 그의 철학의 특별한 면을 소개하려고 한다. 그리고 그것이 어린이와 함께 철학하는 데 과연 얼마만큼 토대를 제공해 줄 것인지도 탐색하려고 한다.

소크라테스의 무지

피타고라스의 정리 (a^2 + b^2 = c^2)가 그렇듯 소크라테스의 단언 "나는 내가 아무것도 모른다는 것을 안다." 역시 일반적인 교양으로 널리 알려져 있다. 그런데 과연 소크라테스가 저렇게 주장할 때 그 의미는 무엇이었을까? 소크라테스는 아는 게 많은 사람이었다. 기록에 따르면 소크라테스는 그의 아버지처럼 석공으로서 한동안 일했다고 한다. 그렇다면 그는 분명 석공의 연장을 다룰 줄 알았을 것이다. 또 그는 "불의를 행하는 것보다는 불의에 고통당하는 편이 낫다."는 윤리적 견해도 주장했다. 그렇다면 그가 내세운 무지 (Nichtwissen)의 뜻은 무엇이었을까?

플라톤의 《대화》에서 소크라테스는 대개 질문을 받기보다는 질문을 던지는 사람으로 등장한다. 대답을 하는 것은 그의 일이 아니다. 그의 의도는 지식을 전달하는 게 아니었던 것이다. 오히려 소크라테스는 지식으로 표현된 것을 의심하며 질문의 대상으로 삼았다. 뭔가를 깨달았다면 그 지식은 대화를 통해서 입장으로 표현되어야 할 것이다. 논지는 근거를 토대로 전개되어야만 할 것이다.

소크라테스는 지식에 대해서 이러한 인식을 갖고 이성에 복종하며 대화와 논변을 통해 앎을 추구했기 때문에 학자와 철학자의 원형이자 모범이 되었다. 앎을 추구하는 일은 누구나 접근할 수 있는, 비밀이 없는 합리적인 논변을 통해야 한다. 소크라테스는 내용으로서의 지식을 전달하는 게 아니라, 다른 사람이 앎에 도달하는 것을 돕는 것을 자신의 과제로 삼았다.

> **언제나 철학은 세상에 이성을 가져가려는 시도이다.**

소크라테스는 그의 대화 상대자가 개념의 명료성을 획득하기만 하면 그 인식에 걸맞게 행동할 수밖에 없을 거라고 생각했다. 인식에 걸맞게 행동한다는 것은, 소크라테스에게는 윤리적인 선에 대한 통찰에 따라 행동한다는 것이었다. '윤리적 낙관주의'라고 불러야 할 이러한 생각은 소크라테스가 영혼의 인도자이자 교육자로서

활동하게끔 한 원동력이었다. 아무도 악을 인식하면서 악을 행할 수는 없다. 앎과 덕성은 하나이다. 인간은 덕스러운 삶을 살아갈 때 그 자신의 가장 깊은 본성과 하나가 되어 행복할 수 있다. 단적으로 말하면, 지고의 행복은 오로지 앎을 통해서 도달할 수 있는 것이다.

> **이 지점에서 어린이와 함께 철학하기를 생각해보면, 즉시 문제적인 면이 드러난다. 즉, 언어적이고 추상적인 개념작업에만 집중할 때 어린이들에게 지나치게 힘겨운 요구를 하게 된다는 것이다.**

'앎'을 목표로 한 철학적 대화 외에 놀이와 노래 혹은 마술 같은 것도 효과적인 도움을 줄 수 있는데, 이것들은 냉대를 받는 편이다. 우리는 앞서 어린이들의 사고가 구체적인 대상에 특히 강하게 밀착된다고 보았다. 어린이들과 함께 철학하기 위해 그 통로를 찾는 과정 자체는 이미 어린이 철학의 본질적인 일부분이다. 소크라테스적인 방법은 어린이와 함께 철학하기 위한 가능성을 완전히 닫아둔 것은 아니지만, 어떤 면에선가 미흡하다고 할 수 있다.

소크라테스의 산파술
소크라테스 자신이 아는 게 없었다면, 그는 어떻게 다른 사람을

앎으로 이끌었을까? "아무것도 가르치지 않는 교사"[49]로서 그는 (아이를 낳도록 도와주는) 산파술을 철학적 교육에 끌어들였다. 소크라테스는 자신의 방법을 산파의 일에 비유했다. 산고를 치르는 영혼을 위해 그는 근심을 나누어 들어주었다. 그는 대화상대자가 앎에 도달하도록 도와주었다. 그런데 중요한 것은 그가 이 일을, 가르침을 통해서가 아니라 질문을 통해서 한다는 것이다. 철학자 한스 게오르크 가다머는 이렇게 썼다.

> 대화형식은 사물을 이해하는 데 상대방이 함께 동행하는 중인지를 부단히 확인하도록 한다. (…) 플라톤이 처한 역사적 상황은, 이미 진리를 알리는 방법으로의 앎은 더 이상 가능하지 않고 대화를 통해 이해시키는 방법을 통해야만 한다는 것이었다. 이는 다시 말해, 말해진 것 모두에 대해서 정당화하고 근거를 부여하는 일을 무한정 할 용의를 지녀야 한다는 것이다.[50]

하지만 가다머가 파악한 바대로의 소크라테스적 철학방법에도 역시 부정적인 면이 발견된다. 특히 어린이와 함께 철학하기를 생각하면 말이다. 가다머가 말한 '동행'은 종종 나란히 간다기보다는 이끌려가는 것을 뜻한다. 소크라테스 앞에서 자신의 생각을 부단히 정당화하고[51] 또 말을 하기 위해 허락을 받아야 한다면, 이는 대화상대자가 동등한 자격을 지니지 못함을 뜻한다.

소크라테스는 질문을 던지는 자이면서 대화를 이끌고 조종해가는 역을 맡는다. 소크라테스는 과녁을 노리는 질문을 던지면서, 대답을 시도하는 상대방이 좌초할 것을 훤히 내다보고 있다. 또 소크라테스가 던지는 질문들은 종종 너무나도 어떤 전제들로 제한된 것이어서, 대화상대자의 입장에서는 소크라테스의 견해에 동조하는 것밖에는 다른 가능성이 없을 때가 많다. 다음에 제시하는 대목을 보면 납득이 될 것이다. 이 대화는 《파이돈》[52]에 나오는 대목이다. 우리의 관심은 지금 이 대화에 담긴 내용, 즉 상기설 혹은 영혼 불멸의 가정이 맞는지 틀리는지가 아니다. 지금 중요한 것은 오직 소크라테스가 대화를 이끌어가는 방식이다.

소크라테스	심미아스, 이제 자네는 어느 쪽을 택하겠는가? 우리들이 앎을 소유한 채로 태어난다는 쪽인가, 아니면 우리들이 이전에 획득했던 앎을 후에 상기하게 되는 쪽인가?
심미아스	지금 당장은 선택할 수 없습니다.
소크라테스	어째서 그런가? 다음과 같은 것에 대해서는 선택을 할 수 있을 테지? 그래, 자네는 이에 대해서는 어떻게 생각하는가? 어떤 것들에 대해서 알고 있는 사

람은 자기가 알고 있는 것에 대해서 설명을 할 수 있겠는가, 없겠는가?

심미아스   분명 할 수 있어야 할 것입니다.

소크라테스   그렇다면 자네가 보기에 우리들이 방금 언급하고 있던 것들에 관해서 모든 사람이 다 설명할 수 있을 것으로 생각하는가?

심미아스   물론 그렇기를 바랍니다. (중략)

소크라테스   그러면 심미아스, 자네에게는 모두가 다 그것들을 알고 있는 것으로 여겨지진 않는단 말인가?

심미아스   모두 다는 아닐 것입니다.

소크라테스   그렇다면 그들은 이전에 알았던 것을 상기한다는 말이 되겠군?

심미아스   의심할 나위가 없습니다.

소크라테스   그런데 우리의 영혼이 언제 이것들에 대한 앎을 얻은 것일까? 설마 우리가 사람으로 태어난 이후는 아니지 않을까?

심미아스   분명히 아닙니다.

소크라테스   그럼 그 이전이겠네.

심미아스   그렇죠.

소크라테스   그렇다면 심미아스, 영혼은 인간의 형상을 취하기 이전에도 육체가 없는, 순전한 정신적 존재로 있었다는 말이 되겠구먼.

심미아스 네. 만일 그렇지 않다면 우리의 앎은 태어남과 동시에 얻어진 것일 수밖에 없으니까요. 왜냐하면 남은 시간은 그것 밖에는 없으니까요.

소크라테스 좋네, 심미아스. 그렇다면 우리가 그 앎을 잃어버리는 것은 또 어느 때겠는가? 조금 전에 우리가 합의를 보았듯이, 그 앎을 갖고서 우리가 태어난 것은 어쨌든 아니니 말일세. 혹은 우리가 그 앎을 획득하는 즉시 잃고 마는 것인가? 그것도 아니라면 다른 어떤 시간을 댈 수 있겠는가?

심미아스 전혀 없습니다. 그러고 보니 저도 모르는 사이에 부질없는 말을 한 것 같습니다.[53]

이해할 수 있겠는가? 아니라고? 우리도 모르겠다. 또 심미아스도 마찬가지였을 것이다. 잔뜩 혼란스럽고 신경이 날카로워진 채로 자신의 바보스러움을 고백할 도리밖에는 없는 가엾은 심미아스.

대화를 이끄는 자는 소크라테스다. 소크라테스가 대화의 주도권을 쥐고 조종을 한다. 상대방의 대답을 판단하고 평가하는 것도 소크라테스다. 대화 가운데 교육적 산파술이 명시적으로 언급되어 있다.[54] "우리의 기술이 지닌 위대한 점은, 그 기술로 청년의 영혼이

기형적인 것이나 그릇된 것을 낳으려고 하는지, 아니면 참되고 제대로 형상을 갖춘 것을 낳을 것인지를 판단할 수 있다는 것이다."

이 정도의 예로 플라톤의 문헌에 전해진 바대로의 소크라테스식 대화는 사람과 사람이 동등하게 나누는 대화가 아니라는 점이 충분히 드러났을 것이다.

소크라테스는 그의 비판적인 언급과 질문들에 대해서 "네, 하늘에 맹세코."라는 반응을 얻을 때가 많았다고 한다. 가만히 살펴보면 소크라테스의 대화에서 우리가 받는 인상이란, 대화상대자가 소크라테스에게 동의한다고 해도, 이는 그가 반드시 무언가를 깨달았거나 발견했기 때문이 아니라는 것이다. 오히려 대화상대자는 소크라테스의 질문에 벅차고 혼란스러워하는 것처럼 보인다. 그렇다면 "네, 하늘에 맹세코."라는 말은 "이제 그만 좀 합시다, 소크라테스. 더는 못하겠어요."의 뉘앙스인 것이다.

소크라테스의 대화상대였던 청년들과 어른들의 대부분이 이런 인상을 불러일으킨다면, 우리가 소크라테스처럼 굴면서 어린이들에게 복잡한 전제들을 품은 질문을 던지거나 유도적인 질문을 던짐으로써 그들을 조종하고 괴롭힐 위험은 얼마나 크겠는가.

소크라테스의 아이러니

갈수록 아테네 시민들은 "소크라테스여, 이제 충분하니 제발 좀 적당히 해다오."라는 말을 자주 하기에 이르렀다. 그러다 결국에는 소크라테스가 고발당하는 사태가 발생했다. 죄목은 신들을 경외하지 않고 젊은이들은 타락시킨다는 것이었다. 재판내용은 플라톤의 변호문인 《소크라테스의 변명》에 기록되어 전해진다. 소크라테스의 변론을 살펴보면, 그는 판결에 대해서 자신을 잘 방어하지 못했다는 게 드러난다. 소크라테스는 독약을 마시고 죽도록 선고된다. 과연 소크라테스가 고발당할 만큼의 잘못을 저질렀는지는 우리의 관심사가 아니다. 이 문제는 철학사 안에서 논란이 있는 부분이다. 어쨌든 그가 개인적인 원한관계를 갖게 된 이유 가운데 하나는 바로 소크라테스적 방식 때문이었다. 특히 악명 높은 소크라테스의 아이러니가 가장 큰 역할을 했을 것이다.

아이러니는 소크라테스에게는 그의 대화상대자들로 하여금 자신의 의견과 견해, 그럼으로써 그들의 앎을 의심하도록 만드는 수단이었다. 소크라테스의 아이러니가 발휘되는 한 가지 방식은 자기의 무지를 내세우며 집요하게 질문을 하는 것이었다. 또 다른 방식은 대화상대자의 의견에 과장되게 맞장구치면서 그 의견을 연장하여 밀고 나가는 것이었다. 그러면 대화상대자는 불안해진 나머지 자신의 의견을 스스로 의심하게 되었다. 소크라테스가 나눈 대화들의 몇몇 대목에서 쉽게 알아챌 수 있듯, 소크라테스의 대화상대자들은 그로부터 진지하게 받아들여지지 않는다고 느끼면서 공격적인 반응을 보이곤 했다. 이렇듯 아이러니는 위험스러운 뭔가를 품고 있으며, 파괴력을 발휘할 수 있다. 그런데 바로 이것이 소크라테스가 의도한 것이었다. 소크라테스는 아이러니를 무기로 삼아 대화상대자들이 자신들의 성급한 견해를 스스로 되돌아보게끔 했다. 그들이 자신의 견해에 스스로 거리를 취하도록 압박한 것이다.

> 아이러니는 어린이들과 대화할 때는 적당하지 못하다. 어린이들은 아이러니한 표현을 전혀 이해하지 못하거나, 알아듣더라도 정신적으로 불안해지며 겁을 먹게 된다. 이런 점에서 보아도 소크라테스의 철학방법과 어린이 철학은 명백한 차이가 있다.

요약해보자. 소크라테스의 철학방법은 어린이와 함께 철학하기에는 기본 모델로서 부적당하거나, 극히 일부분에서만 활용할 여지가 있다. 왜냐하면 대화하는 가운데 언어적-논리적 개념의 작업에만 집중하는 방법은 어린이와 함께 철학을 하는 데 적당하지 않기 때문이다. 자신의 의견에 거리를 취하고 스스로 점검해보도록 하는 수단으로서의 아이러니는 어린이와 함께 철학하는 데 매우 부적당하다. 다만 어린이가 스스로 결론을 향해가는 데 돕는다는 교육적인 취지의 산파술은 양가적, 즉 긍정적이거나 부정적인 가능성 모두를 품고 있다고 본다. 괴팅엔의 수학자이자 철학자인 레오나르트 넬손(1882~1927)은 1920년대에《대화》를 참조하며 이성적 진리의 매개 및 검증에 관해 대학생들을 가르치는 데 소크라테스의 방법론을 활용했다.[55] 소크라테스의 교육적 '산파술'을 참고하여 넬손이 개발한 소크라테스식 방법론은 다음의 세 가지로 요약된다.

첫째, 일상적 체험의 지평 안에서 작업하기. 대화는 구체적인 상황과 체험에서 출발해야 한다. 일상적 체험세계에 밀접해 있다는 것은 어린이와 함께 철학하기에 긍정적인 특성이다.

둘째, 되묻기. 일상생활의 판단이나 의견들에 대해 그 과정을 되묻는 과정을 통해 보편적인 판단이나 전제로 이끌어간다. "이런 말과 저런 말을 했는데, 그 정확한 뜻은 무엇인가?", "어떤 전제하에 이런 판단과 저런 판단을 내린 것인가?" 새로운 사실을 배워 지식을 넓히는 게 주된 목적이 아니라, 자신의 사고를 대상으로 사고하는 것, 다시 말해 자신이 내린 판단의 전제를 성찰하는 것이다. 이미 칸트도 교육학에 관한 글에서 소크라테스의 방법이 이성을 형성하는 데 적당한 것으로 본다고 썼다. "하지만 염두에 두어야 할 것은 이성의 인식을 갖고 시작하는 게 아니라, 이성의 인식을 끌어내는 일이라는 것이다."[56] 소크라테스의 방법은 이처럼 뛰어난 추상화 능력을 요구한다. 어린이들이 그런 추상화에 관심을 가질 거라고 기대하기는 어렵다. 물론 어린이는 어른들이 정신을 못 차리도록 많은 질문을 던지며 알고 싶어 할 때가 많지만, 그들이 원하는 것은 주로 세계에 대한 지식이지, 세계에 대한 자기의 지식에 대한 앎이 아니다.

셋째, 진리에 대한 방향설정. 대화에 참여한 사람은 모두 진리의 개념을 향해서 가려고 노력해야 한다. 남들 앞에서 자기를 돋보이게 하거나 남들을 압도하거나 궤변을 늘어놓아서는 안 된다. 자신의 판단과 의견을 스스로 진지하게 되돌아보는 자세가 있어야 한다. 대화를 주관하는 사람은 스스로 대화내용을 좌우하거나 참가자들에게 자신이 생각하는 방향을 제시하지 않도록 주의해야 한다. 이미 소크라테스도 이런 점에서 문제점을 노출하지 않았던가. 요약하고 결론 내리고 첨예화하는 행위 등은 항상 대화에 방향성을 주면서 조종하는 일이 된다. 우리는 이미 어린이들과 대화할 때 지나친 요구를 하거나 유도적인 발언을 할 위험성에 대해서 말했다. 대화를 주관하는 사람의 영향력을 (넬손이 그랬듯이) 간단히 부인하고 만다면 그것은 오늘날의 시야로 볼 때는 순진하다고 볼 수밖에 없는 일이다.

> "소크라테스의 방법이 대화를 이끄는 기술로서 어린이 철학의 맥락에서도 유효하다면 이는, 철학적 물음들을 끄집어내고 이 물음들을 좇는 방법으로서다. 소크라테스는 스스로 사고하는 태도, 비판적으로 검토하는 태도를 요구한다. 이런 면모는 어린이 철학의 맥락에서도 중요한 요소로서 효력을 발휘할 것이다. 소크라테스의 방법이 어린이 철학에 부적당하다면, 이는 소크라테스의 《대화》에 나타난 것과 같은 태도로 어린이를 대하기 때문이다."

그러면 어린이의 사고에 대해 우리가 취할 수 있는 적절한 태도는 무엇일까? 이에 관해서는 다음 장에서 논하려고 한다.

  소크라테스의 대화상대자 가운데 《메논》에 나오는 노예 청년
의 역할은 특히 '실험용 쥐'를 연상시킬 만한 것이다.[57] 실험용 쥐
들은 외부자극의 영향을 관찰하기 위한 조직적인 조종의 대상이
다. 과학소설 《은하수를 여행하는 히치하이커를 위한 안내서》[58]
에서 저자 더글러스 애덤스는 이렇게 관찰하고 관찰당하는 상황
을 역전시킨다. 그의 소설에서 실험실의 쥐들은 인간들에게 관찰
당하는 동시에 인간을 관찰한다. 이러한 역할의 역전은 우리에게
매우 흥미로운 단서를 제시한다. 다시 말해서 우리는 소크라테스
만 대화를 이끄는 역할을 해서는 안 된다고 생각한다. 소크라테스
역시 그의 대화상대자에 의해 이끌림을 받는 일이 가능하고, 또 그
래야 한다. G.B. 매튜스(Gareth B. Matthews)가 중요시한 것도 바로
이 점이었다.

  매튜스는 1929년에 태어나 미국 앰허스트의 매사추세츠 대학에
서 철학교수를 역임했다. 그는 '어린이 철학' 영역에서 리프먼과 더
불어 국제적으로 알려진 인물이다. 매튜스는 대학에서 강의를 하
다가 어린이 철학에 관한 출발점을 찾아냈다. 학생들이 철학에 가
까워지도록 할 방도를 궁리하다가, 그는 학생들에게 철학은 낯선

것이 아니며 그들이 이미 어려서 해본 활동이라는 것을 증명하려 했던 것이다. 그는 지극히 자연스러운 유년기의 철학활동이 외부적인 영향 때문에 쇠퇴한다고 생각했다. 유년의 자연스러움을 잃고 말았음을 깨닫는 순간 어른들은 자신들이 어린이를 어떻게 대해왔는지, 그리고 자기 자신은 또 어떻게 바라보는지를 질문하게 된다.

다음의 인용문은 매튜스의 논지에서 중심적인 생각을 보여주는 것이다.

우리 어른들이 아이들에게 하는 이야기 가운데 많은 부분들은 지극히 의심스러운 것이고, 그렇기 때문에 의심받아 마땅한 것들이다. 그런데도 우리 어른들은 아이들의 도전을 수용할 줄 모르고, 아이들에게 성을 내며 싸우듯이 "말을 그렇게 못 알아듣겠어?"라고 대꾸한다. 어른으로서 이런 말을 하는 건 얼마나 폭력적이고 불공정한가! 또 이렇게 조바심치는 대꾸는 얼마나 아이의 시각을 이해해주지 못하는 태도인가! 만일 우리 어른들이 잠시 자세를 가다듬고 진정 솔직하게 돌아본다면, 정말로 우리가 불을 보듯 뻔하게 여길 만한 것, 그래서 우리가 생각한 게 그것일 수밖에 없다고 할수 있는 일은 아무것도 없을 때가 많다는 것을 깨닫게 될 것이다.[59]

그리고 두 가지 견해가 서로 맞물려 명확한 모습을 드러낸다.

1. 어린이들의 말과 질문은 진지하게 받아들여져야 한다. 어린이들은 동등한 대화상대자로 인정받아야 한다. 어린이의 사고를 지레 미성숙하고 유치한 것으로 보아선 안 된다. 매튜스는 심리학, 그 가운데서도 특히 피아제의 연구를 탐색하고, 바로 피아제의 심리학적인 이론에서 어린이의 사고를 '어리다는 이유로' 한정적이고 유보적인 입장에서 관찰하는 혐의를 발견했다. "어린이들은 이러저러하게 사고한다. 어린이들이 던지는 질문들은 이러저러한 것들인데, 그건 어린이들이 어리기 때문이다." 피아제는 이와 같이 생각하면서 실제로 어린이의 사고가 사물의 중요한 면을 반영한다는 생각을 하지 못했다는 것이다.

2. 매튜스는 어른들이 자신들의 부담을 덜기 위해 아이들의 사고에 대해 한정하고 유보하는 입장을 취한다고 보았다. 어른들은 그럼으로써 자기의 사고와 결론을 의심하며 되돌아보는 수고를 하지 않아도 되기 때문이다. 혹은 이렇게 말할 수도 있다. 우리 어른들은 어린이의 사고와 질문을 통해 자신들을 풍요롭게 할 수 있는 기회를 붙들지 않는다고. 이처럼 다른 시선으로 바라보면, 소크라테스

는 '아무것도 가르치지 않는 교사'가 아니라 '듣지 못하고 들을 능력이 없는 교사'가 된다. 소크라테스는 자기 자신에게 어떤 정해진 태도를 요구했다. 하지만 우리가 볼 때 소크라테스에게 필요한 것은 대화상대자에게 다른 태도를 취하는 일이다.

듣기도 배워야 한다

어른은 어린이가 하는 말과 질문을 통해서 자신의 고착된 생각을 의심해볼 수 있고, 그럼으로써 자신을 풍요롭게 할 수 있다. 동화 〈벌거벗은 임금님〉을 생각해보자. 이 동화에는 왕에 대한 사실을 발설하는 아이가 등장한다. 즉 왕은 벌거벗었다는 사실 말이다. 동화 속의 다른 모든 이들은 이 사실을 보지 못한다. 이 동화를 지나치게 단순하게 해석하지 말자. 이 동화의 핵심은, 어른들은 왕의 진노한 반응이 두려워서 알면서도 입을 다무는데, 한 아이만이 왕의 창피스러운 진실을 말할 용기를 냈다는 것이 아니다. 이 동화가 건드리는 문제는 좀더 깊숙한 곳에 있다. 어른들은 왕이 벌거벗었다는 사실 자체를 깨닫지 못하는 것이다. 어른들은 왕이 갖가지 보석으로 치장된, 가장 아름답고 값비싼 옷을 입고 있다고 확신한다. 그래서 그들은 자신이 믿는 바를 눈으로 보는 것이다. 즉, 왕은 화려한 옷을 입고 백성들 사이로 걸어간다. 왕은 잘 차려입는다. 언제나 그랬고 지금도 그렇다. "저 옷을 좀 봐. 너무 고와서 믿지 못할 정도로군!", "너무 고와서 마치 있는지 없는지조차 모르겠어.", "몸이 꼭 들어맞는 옷 좀 봐. 정말 맨살이나 다름없어 보이네." 어른들은 이렇게 생각하며, 생각한 대로 보았을 것이다.

그런데 아이는, 다른 구경꾼들과는 달리, 왕이 어떤 면모를 내보이는 존재인지 체험할 기회가 많지 않았다. 어쩌면 생전 처음 왕을 본 것인지도 모른다. 아이는 왕이 보통 어떤 옷을 어떻게 입는지 몰랐기 때문에, 왕을 보기 전에는 왕을 떠올릴 수 없었다. 그래서 아이는 자유분방하게 상황을 직시했을 것이다. 아이들이 지닌 순진성의 핵심은 바로 자유로움이다.

　아이들의 순진성과 자유로운 시각에 대한 또 다른 흥미로운 예가 더글러스 애덤스의 《은하수를 여행하는 히치하이커》 3부작 제4권에 나온다. 그는 한 과학자를 등장시킨다. 나머지는 직접 읽어보기 바란다.

"난 당신이 한번 보고 싶어 할 거라고 생각했소." 그가 말했다. "천사는 발에 무얼 신는지 말이요. 궁금하지 않소? 난 뭘 증명하려는 생각은 없소. 난 과학자이고, 무엇을 증거라고 부르는지 정도는 알고 있소. 하지만 내가 왜 어린애 같은 이름을 갖고 있는지 아시오? 그건 내가 과학자란 언제나 어린아이 같아야 한다는 사실을 스스로 기억하기 위해서요. 과학자는 뭔가를 보면, 그가 본다는 사실을 말해야 하고, 그리고 보이는 것이 그가 이전부터 보고 싶어한 것인지 아닌지를 말해야 하오. 우선 보고, 생각은 그다음에, 그리고 마지막에 가서야 분석을 하는 게 옳은 순서요. 처음에는 그저 보기만 해야 한단 말이오. 만일 그러지 않으면, 그저 보고 싶은 걸 보게 될 뿐이지. 대부분의 과학자들은 그 사실을 잊고 있소. 나중에 당신에게 내 말을 증명할 뭔가를 보여주겠소. 내 이름이 원코(Wonko)인 또 다른 이유는, 사람들이 나를 미친 사람이라고 믿기 때문이오. 그 덕분에 나는 내가 보는 걸 그대로 말할 자유가 있는 셈이지. 남들이 자기를 미치광이라고 생각하는 걸 못 견디면 과학자 노릇도 할 수가 없는 법이오. 자, 어찌 됐건 난 당신도 여기 이걸 한번 보고 싶어 할 거라고 생각했소."[60]

보통 순진함은 자연스러움과 순수함을 떠올리게 한다. 순진한 말은 전략적인 고려나 숨겨진 의도가 없을 때 할 수 있는 것이다. 순진성은 (칸트가 말했듯이) 타고난 대로의 솔직성이 솟구치는 것이며, 이것은 제2의 천성이 되어버린 왜곡의 기술과 대립되는 것이다.[61]

그렇다면 어린이는 엄밀히 말해서 순진하다고 할 수 없다. 왜냐하면 순진함이란 이미 어떤 왜곡을 전제해야 하는 말이기 때문이다. 이것은 프리드리히 쉴러의 견해이기도 하다.

순진함은 사람들이 그것을 예상하지 않을 때조차 어린아이와 같은 것이다. 바로 이런 이유에서 진짜 유년기에 대해서는 엄밀한 의미

에서 순진함이란 말을 쓸 수가 없다.[62]

순진할 수 있는 것은 오직 어른뿐이다. 어린이들은 순진한 게 아니다. 어린이들은 그저 어린이다운 것이다. 우리의 관심의 맥락에서 좀더 쉴러의 생각을 좇을 필요가 있다. 쉴러는 '유치함'과 '어린이다움'을 구분했다. 유치함은 무지와 단순, 그러니까 일종의 무능을 나타내는 것이고, 어른들이 유치함 앞에서 우월감을 느끼는 건 그럴 법한 일이다. 하지만 어린이다움은 "우선은 웃음을 터뜨리게 하지만 동시에 자신을 돌아볼 때면 우리에게는 그런 면모가 없음에 탄식하게 만드는 어떤 것"이다.[63] 쉴러는 어린이다움의 상실을 분명하게 토로하였다. 쉴러는 어린이들은 세계에 대해 아주 특별한 통로를 갖고 있다고 했다. 어린이들은 어쩌면 모두 철학자일까?

교육학자인 한스-루드비히 프리제는 책 제목부터 《어린이는 철학자이다》[64]라고 붙였다. 어쩌면 프리제가 이처럼 호기로운 책 제목을 붙일 수 있었던 건 그가 영재아들과 많이 작업을 했기 때문일지도 모른다. 하지만 근본적으로 이 명제는 널리 퍼져 있는 견해를 일관되게 밀고 나간 것이기도 하다. 첫 장에서 우리는 '유년기는 발견된 것'이라는 맥락에서 민중들이 가진 어린이에 대한 긍정적인 믿음을 언급했다. 시인과 철학자들이 "어린이들은 세계에 대해 근원적인 통로를 갖고 있다."고 말할 때, 민중은 똑같은 말을 "아이들이 진실을 말한다."고 요약한다. 또는 "아이와 미치광이가 진실을 말한다."고도 한다.

앞 장에서 우리는 '어린이들이 왜 그렇게 하는지, 또 왜 그들은 어떤 상황에서는 어른들보다 유리하거나 뛰어난 면을 보이는지'에 대해서 순진함이라는 개념을 통해 살펴보았다. 그렇다고 어린이들은 모두 철학자라고 곧장 선언하는 것은 어른들이 생각하는 멀어진 존재의 근원과 자연스러움, 고통스러운 결별의 의식에서 자양분을 얻는 일종의 낭만주의라고나 해야 할 것이다. 이러한 낭만적 태도로는 아무것도 얻을 것이 없다. 이는 단지 기존의 반대편에 있는 또 다른 일방적 태도일 뿐이다. 또한 여기서도 민간신앙적 직관이 모습을 드러낸다고 봐야 할 것이다.

니체는 언젠가 "정의란, 뜬눈으로 하는 사랑."이라고 말한 적이 있다. 우리도 어린이를 정의롭게 대하기로 하자. 어린이를 뜬눈으로 사랑하기로 하자. 어린이들이 단지 유치하며, 따라서 지적으로 진지하게 대할 가치가 없거나 대할 수도 없다고 여기지 말자. 또 어린이들이 우리 어른들에게 진리에의 길을 평탄하게 내주는 철학자들이라고 무턱대고 믿지도 말자.

매튜스와 프리제는 상당히 일방적인 입장을 나타내는데, 그 이유는 아마도 기존에 어른과 어린이들이 대화할 때의 역할이 일방적으로 고착되어 있는 데 대한 반대의 무게중심을 의도한 데 있을 것이다. 매튜스와 프리제는 어른들이 아이들의 말을 제대로 듣는 자세를 갖추는 것이 중요하다고 생각한 것이다. 소크라테스도 귀 기울여 들을 줄을 알아야 했다. 물론 매튜스도 "아이들이 던지는 많은 성가신 질문들 가운데 정말 우리를 놀라고 당혹하게 하는 것은 몇몇에 지나지 않는다."[65]는 걸 알 만큼의 현실감각은 있다. 아이들이 언제나 영리한 말만 하지 않는다는 걸 그가 모를 리 없다. 하지만 그의 생각은 아이들이 철학적으로 흥미로운 말을 할 때 단지 우연일 뿐이라고 생각하지는 말자는 것이다. 매튜스의 생각으로는, 아이들이 철학적인 주제를 건드리는 말을 하는 것은 오히려 당연하다. 질문하기를 좋아하는 아이들의 말이 꼭 철학적인 내용이라고 해서 피해갈 이유는 없다. 아이들에게는 신과 죽음, 인간의 인식능력, 우정 등에 대한 질문도, 자동문이 어떻게 열리는지, 혹시 사람이 그 안에 앉아 있다가 누군가 지나갈 때마다 열어주는 건 아닌지 궁금해서 던지는 질문과 마찬가지로 생생하게 마음속에서 우러나오는 것이다.

어린이가 철학을 할 수 있는지 우리는 물었다. 이제 매튜스와 더불어 다시 이 질문에 답을 해보기로 하자.

> 어린이들은 필요한 '연장'을 갖고 철학을 하는 능력이 있다. 그리고 어린이들은 철학적인 이야기를 할 의향과 능력도 있다. 뿐만 아니라, 어린이들이 먼저 그런 이야기를 꺼내기도 한다. 그런 순간을 눈치채지 못하고서는 아예 없다고 말해선 안 된다. 어린이들이 말하는 철학적인 생각들을 어른들이 그냥 지나쳐 듣는 때가 많은 것이다.

매튜스는 어린이의 사고에 담긴 철학적인 면을 찾아내는 '발굴자'라고 할 수 있다. 그는 철학성이 담긴 어린이의 "생각의 편린"[66]을 감지하고 그것이 어떤 배경을 가진 것으로 봐야 하는지를 밝혀냈다. 그는 어린이가 말한 생각의 편린이 철학사의 여러 이념과 사고의 맥락 속에서 온전한 모습을 드러내도록 했다. 그는 리프먼과는 달리 어린이와 함께 철학하는 데 어떤 방법론을 내세우지는 않았다. 또 어린이와 철학하는 데 사용하기 위해 철저히 작업한 자료집을 사용하지도 않았다. 그는 단지 어린이와 함께 글을 읽는 것을 기본으로 삼았다. 그는 어린이가 읽을 수 있는 글을 고전작품이나 어린이용 도서에서 찾아내고, 때로는 이야기들을 직접 꾸며내기도 했는데, 이 이야기들은 끝이 열려 있어서 아이가 직접 결말을 생각해내야 한다.

어린이가 말을 한다는 사실 그리고 그 말에 귀를 기울이는 일이 중요하다. 그래서 매튜스는 어린이의 질문과 생각을, 피아제처럼 지나치게 서둘러 포괄적인 이론으로 정리하는 데 반대했다. 어린이의 사고는 질서정연하게 서랍에 정돈되지만 그게 어떤 생각의 내용이었는지는 잊혀지고 만다. 이것은 청소나 다를 바가 없다. 서랍문을 열고 안 볼 것은 모두 집어넣어버리는 방식 말이다. 그 결과 어떤 것들은 다시 찾아내지 못하게 되고, 또 눈에 안 보이는 것은 그게 있다는 사실조차 쉽게 잊히고 만다.

언제가 문제인가

우리는 피아제의 발단단계이론에 대한 의혹의 그림자에 대해서 말했다. 사실 그림자로부터 많은 것을 배울 수 있고[67] 이 점은 피아제의 이론에 대해서도 예외가 아니다. 피아제는 어린이의 사고능력뿐만 아니라 어린이의 '세계상'도 연구했고 놀라운 발견을 했다.

어린이는 어른과는 다른 방식으로 세계를 이해한다. 우산을 포크처럼 그림자에 찍어 움직이지 못하게 한다거나 밀어낼 수 있다고 할 때, 또 작은 돌들로 그림자를 덮어 가릴 수 있다거나 어둠 속에서도 그림자는 여전히 남아 있다고 할 때 아이들은 그림자를 분명 어른들과는 다른 눈으로 바라보는 게 틀림없다.

어른과 아이가 사물을 바라보는 방식의 차이는 유동적이다. 어른들도 그늘 덕분에 시원하다고 말할 때가 있다. 사실은 그늘이 생기도록 따뜻한 볕을 막은 물체 덕분인데도 말이다. 마치 그림자 자체가 어떤 힘을 발휘한다고 믿을 때는 어른들도 아이 같은 믿음에서 멀리 떨어져 있지 않은 것이다. 어둠 속에도 여전히 그림자는 있고 그 그림자가 자기를 따라오고 있다고 믿는 아이나 크게 다를 바가 없는 것이다.

그러면 세계를 보는 아이들만의 특징은 무엇일까? 피아제는 그의 초기 연구《어린이의 세계상》에서 이 질문에 대한 답을 추구했다. 그는 어린이의 상상과 관념적 내용에 관심을 기울였다. 그는 어린이가 어떻게 사고하는지가 아니라, 어린이들이 자신의 생각에 대해서 어떻게 생각하는지를 연구의 중점으로 정했다. 즉, 꿈은 어디서 오는지, 살아 있는 것과 살아 있다는 것은 무엇인지, 별과 나무들은 어디에서 오는지에 대한 그들의 생각에 대해서 어린이 스스로 어떻게 생각하는지를 탐구하였던 것이다.

그리고 피아제는 어린이들의 대답을 통해서 그들이 기본적으로 갖고 있는 '자기중심주의'를 발견했다. 어린이는 '나'와 환경을 오직 제한적으로만 구분한다. 어린이는 자기 자신도 완전히 의식하지 못하고, 자기를 잊고 있을 만큼 자기중심적이다. 피아제는 처음에 어린이의 자기중심주의를 매우 중요하게 평가했다가, 오랜 연구를 진행하는 동안 그 개념을 변화시켰는데, 그 상세한 내용은 우리에게 그다지 중요하지 않다. 중요한 것은 여기서 어린이 특유의 자기중심주의는 자기를 중심에 내세우는 어른들의 자기중심주의와 혼동해서는 안 된다는 사실이다. 어린이의 자기중심주의란, 어린이가 다른 사람의 관점을 오직 제한적으로만 상상할 수 있다는 뜻이다. 예를 들면 5~6살가량의 아이들은 자기가 형이나 동생 혹은 누나가 있다는 건 알지만, 역으로 자기들이 다시 그들에게 동생이

나 형 혹은 누나라는 사실은 깨닫지 못한다. 어린이는 관점을 바꿔서 생각하지 못하는 것이다. 일상생활 속에서 이런 특성은 어린이들이 이야기를 할 때 드러난다. 어린이는 이야기를 아무런 전제나 설명 없이 시작하기 때문에, 그 이야기가 말하는 상황에 직접 있지 않은 사람은 무슨 뜻인지 이해할 수가 없다. 어린이들이 하는 이야기들은 설명이나 근거가 부족할 때가 많기 때문에, 이 점에서 어린이에게는 관점의 변화가 어렵다는 사실이 드러난다. 그러면 이로부터 어린이의 세계상은 어떠한지에 대한 답을 찾아볼 수 있을까? 피아제는 어린이가 자아와 주위 환경을 구분하지 않는 세 가지 표현형식들을 묘사했다.

　첫째, 사실주의(실재론적 사고). 지금까지 살펴본 내용에 비추어 보면 피아제가 어린이의 실재론적 사고(사실주의)를 말한다는 게 다소 놀랍다. 게다가 그가 이 실재론적 사고를 마술적 세계관과 연관시키는 것은 더욱 놀랍다. 하지만 어린이의 자기중심주의를 고려할 때, 어린이가 사실주의자라는 말은, 그들이 인식하는 주체로서의 자기를 염두에 두지 않는다는 뜻이다. 그래서 어린이는 자신이 직접적인 사실을 객관적으로 보고 있다는 여기는 것이다. 자아(혹은 사고)와 외부세계를 구분하지 않기 때문에 어린이들에게는 필연적으로 마술적인 시야가 열린다. 왜냐하면 사고가 세계의 외적인 진행과 분리되지 않기 때문이다. 이와 같은 식으로 자아와 세계가 연결되어 있다면, 생각을 하면서도 사물의 경과에 영향을 받지 않을 수가 없다. 문학에서는 모든 것과 이렇게 마술적으로 연관이 되는 상태가 다양하게 묘사되어 있다. 예를 들어 존 스타인벡은 〈황홀한 목요일〉에서 석양을 향해 마주 보고 가는 일에 너무도 빠져든 나머지, 그가 없으면 해가 질 수 없으리라고 생각하는 한 남자가 등장한다. 스스로 돌아본 결과로 자신이 소용된다는 느낌을 갖게 되었다는 것은 한 단계 성년의 존재에 가까워진 것이라고 하겠다. 그에게선 마술이 체념을 비껴간 것이 분명하다.

둘째, 애니미즘(물활론적 사고). 어린이 특유의 애니미즘 역시 자아와 외부세계를 구분하지 않는 데서 생기는 것이다. 어린이는 외부세계가 고유한 생명을 갖고 있다고 느낀다. 어린이는 자기처럼 외부세계도 살아 있고, 어떤 의도와 의지를 갖고 있는 것으로 본다. 마술적 시각과의 차이라면, 이때는 외부적 상황의 원인이 자아보다는 사물들 안에 있는 것으로 보인다는 것이다. 다시 위의 문학적 예를 통해 이야기하자면, 이제 해가 지는 것은 해가 어둠을 갖고 싶어 하기 때문으로 보일 것이다.

셋째, 허구주의(인공론적 사고). "해가 지는 건 내가 잘 때 눈이 부시지 말라고 그러는 거야." 피아제는 어린이들이 이렇게 설명하는 걸 듣곤 했다. 외적인 현상이 어떤 목적으로 일어난다고 설명하는 걸 피아제는 '인위주의적'인 시각으로 보았다. 인위주의의 어원을 이루는 artifex는 라틴어로 창조주나 예술가를 뜻하고 fines는 목표 혹은 목적을 뜻한다. 피아제의 '인위주의'는 모든 것이 인간에 의해 이루어지거나 인간을 위해 일어난다고 생각하는 것이다. 이 책의 제목을 기억해보라. "나무는 어떻게 숲으로 갔을까?" 나무들은 우리한테 그늘을 만들어주려고 숲으로 갔을 것이다.

지금까지 말한 세 가지 특징이 어린이와 함께 하는 철학과 어떻게 연관될 수 있을까? 우선 우리는 우리 어른들과는 다르게 세상을 보는 시각이 있다는 것을 배운다. 이에 더해서 피아제는 어린이의 사고의 세계를 펼쳐 보여준다. 그가 아니었다면 자기중심적인 어른들로서는 어린이들 특유의 관점을 상상하기가 어려웠을 것이다. H. G. 웰즈의 작은 단편《마술상점》만 봐도 그렇다.[68] '진짜' 마술의 상점답게 그 상점은 잠깐 동안만 나타났다가 사라진다. 그러니 어른 손님들은 혼란에 빠지고 어린 손님들은 환호할 수밖에. 피아제는 이 마술상점처럼 우리에게 어린이 사고의 마술적인 세계를 잠시 들여다보도록 보여준다. 마술과 철학의 연관성에 대해서는 뒷장에서 좀더 합당한 목소리를 들려드릴 생각이다.

그런데 우리가 문제로 삼는 것은 어린이 사고의 마술적 요소가 아니라, 어린이의 사고 자체가 발휘하는 마법이다. 우리 어른들의 사고 역시 어린이의 사고의 마법에 영향을 받게 되기 때문이다. 우리가 앞서 언급한 바 있는, 어른들이 품는 근원과 자연스러움에 대한 동경의 시선을 제외하면, 우리가 이해하고 있는 사실은 종종 아무것도 없을 때가 많다. 다시 한번 웰즈의《마술상점》을 생각해보자. 우리라면 자기 아이가 사라져버렸을 때 상점 주인의 멱살을 잡고 흔들지 않겠는가. 하지만 아이는 즐겁고 평화롭게 길에 서서 자기 생각에 빠져 있을 뿐이다. 하지만 아이와 함께 마술상점을 방문한 이야기 속의 아빠처럼 우리는 점점 불안해하고 공격적이 될 것이다. 그러다가 아이에게는 분명 아무 일도 생기지 않았으며 마술상점에서 얻은 선물값을 치러야 한다는 생각이 들 때에야 아빠는 다시 익숙한 세계의 질서로 돌아온 느낌이 들 것이다. 그런데 상점이 사라져버리면 아빠는 다시 혼란에 빠질 수밖에 없다. 물건값을 지불할 수 있는 장소가 사라져버렸기 때문이다. 하지만 상점 사람은 그의 이름과 주소를 알고 있으니 모자라는 금액은 추후에 요구할 수 있을 것이다. 여기까지 생각이 미치면 아빠는 다시 그의 질서 속으로 돌아올 수 있다.

우리는 매튜스가 말한, 어린이의 사고를 영영 잊어버리기 쉽다는 그 서랍 앞에 와 있다. 매튜스의 비판에 따르면, 피아제의 이론은 두 가지 방식으로 어린이의 사고를 놓칠 수 있다. 우선 매튜스는 방법론을 문제 삼는다. 피아제처럼 어린이가 질문하고 대답하는 태도를 일반화하다 보면, 어린이가 개성대로 표현한 철학적인 생각들에 걸맞게 대응을 보여주기 어렵다는 것이다. 예를 들어서 피아제는 '어린이의 세계상'을 연구하는 데 있어서 어린이가 환상적으로 꾸며내는 대답방식을 접하고는, 전혀 어린이다운 확신이 표현되어 있지 않다는 이유로 연구대상에서 제외시켰다.[69] 매튜스는 어린이가 개념들을 자유롭게 유희하다가 철학적으로 흥미로운 말을 하더라도 무시될 거라고 비판했다. 피아제는 일반화하여 대답의 유형이 산출되는 표준답안에만 관심을 갖는다는 것이다. "표준답안은 일반적으로 깊이 생각하지 않고 말한 것으로 사회화의 결과물이다. 이에 반해 틀에 맞지 않고 일반적인 사례와 닮지 않은 대답이 훨씬 더 생생한 사고의 산물이라고 할 수 있다."[70] 요컨대 매튜스의 비판은 피아제가 어린이다운 사고와 표현의 유형에 대해서 이미 선입견을 갖고 선정작업에 임했다는 것이다.

또 매튜스는 피아제가 어린이의 사고에 특정한 기준을 적용한다고 비판했다. 피아제는 초기 연구인 《어린이의 세계상》에서는 묘사하는 태도로 연구를 전개해가는 데 반해, 이후의 연구에서는 어린이의 인식능력에 관해서 근대과학의 기준들을 매우 두드러지게 적용시킨다는 것이다.[7] 피아제는 어린이의 사고가 그가 생각하는 어떤 사고형태를 향해 점진적으로 접근해간다고 본 것이다. 뿐만 아니라 피아제는 어린이의 사고가 인지적인 면에서 미흡하기 때문에 꼭 발달을 해야만 한다고 보는데, 매튜스는 이런 시각에 대해서 상당히 방대한 이론적 논쟁을 통해 반대했다. 매튜스는 왜 그런 노력을 기울였을까? 그 대답은 우리 어른이 어린이의 생각과 표현을 '아직 덜 발달된 것'으로 볼 때 어떤 결과가 나올지 생각해보면 나온다. 그 결과란 우리 어른이 어린이의 말에 진지하게 귀를 기울이지 않게 되는 것이다. 어른들은 어린이들의 말이 재미있고 환상적이며 또 아이의 발달단계를 표현한다는 점에서 의미심장하다고 생각할지도 모른다. 하지만 그 어떤 경우이든 어른들은 어린이들의 생각과 말에 대해서 기본적으로 "그것은 옳지 않으며 교정하거나 보완해줄 필요가 있다."고 생각할 것이다. 아이가 어떤 말을 하기도 전에 이미 어른들은 태도가 결정되어 있는 셈이다.

피아제가 어린이의 사고에 대해서 부족하고 발달할 필요가 있는 것으로 평가한 이유는 무엇일까? 매튜스는 그 이유가, 피아제가 아이의 사고를 인류역사의 지식과 인식의 발전단계에 대비시켰기 때문이라고 본다. 예를 들어 애니미즘과 마술적 사고는 종교현상학적으로 그리고 종교사적으로 종교성의 원시형태로, 개인적인 신앙의 성숙 이전 형태로 평가된다. 피아제는 어린이의 인식능력이 서양의 철학사가 거친 경로를 밟아 발달할 거라고 생각했다. 즉 소크라테스 이전에서 플라톤 시대로, 다음에는 아리스토텔레스를 거쳐 스콜라 학파로, 데카르트의 시대로 등등.

이런 관점에서는 인류의 역사가 인식론적으로 발전해왔듯이 어린이의 사고가 어른의 사고를 향해 성숙해간다고 본다. 그런데 매튜스는 바로 이 '발달'의 개념을 비판했다. 철학사에서 일직선적인 인식의 발달이 이루어졌다고 말하기는 어렵다. 예를 들어 플라톤이 그보다 후대의 인물인 아우구스티누스보다 폭이 넓지 않고 정확하지 않으며 옳지 않다고 무턱대고 주장할 수는 없는 것이다. 이런 점을 특히 구체적으로 표현한 철학자는 앨프리드 화이트헤드인데, 그는 서양 철학사 전체를 플라톤의 각주에 불과하다고 했다.[72] 이러한 면을 어린이 철학에 관련지어보면 다음과 같은 결론이 나온다.

어린이의 사고는 어른의 사고가 형성되기 이전의 형태가 아니라, 독자적인 사고이다.

이러한 인식에서부터 철학적 실천과 〈어린이와 함께 철학하기〉

가 만나는 지점이 보인다. 왜냐하면 철학적 실천 역시 결핍된 인간상으로부터 출발하지 않기 때문이다. 어린이의 생각과 말을 편견 없이 받아들이는 게 중요하다. 매튜스가 중시하는 것 역시 이것이다. 그는 어린이의 말에 귀 기울여지기를 바라고, 그래서 우선 일상적 소음의 많은 부분을 침묵으로 잠재우기를 바랐다. 그는 자신의 요구가 어른들에게 하나의 부담이 된다는 것을 잘 알고 있었다. 왜냐하면 어른들 자신이 확실하다고 믿어온 것, 자명해 보이던 것들과 때때로 결별해야 하기 때문이다.[73]

지금까지 살펴본 바를 요약하자면, 매튜스는 어린이의 사고에 대해서 좀더 민감한 수용의 자세를 취해야 한다는 입장에 길을 텄다고 하겠다. 매튜스는 어른들이 이처럼 변화된 자세를 가지려면 어른 스스로 어린이에게 배우는 일이 중요하다고 보았다. 그런데 이처럼 어른들의 태도를 논의의 중점에 놓고, 어른들이 새롭게 인식하고 자세를 갖춰야 한다는 맥락에서는 아직 앞서 매개의 이론의 맥락에서 언급한 '어린이들이 배워가는 과정'은 전혀 고려되지 않는다고 보아야겠다.

▎"자신을 가져. 네 스스로 생각해 봐" (계몽적 자세) ▎

매튜스가 강조하는 것은 어른들이 어린이의 사고에 대해서 개방적이고 수용적인 자세를 가져야 한다는 것이다. 그런데 이 맥락에서는 사고능력의 매개와 발달에 관한 리프먼의 견해에서 중심적인 의미를 갖는 이성에 의한 방향설정(Vernunftorientierung)은 나타나지 않는다. 우리가 처음에 어린이 철학의 한 갈래로서 계몽적인 의미를 갖는 것으로 소개한 '어린이와 함께 철학하기'는 주로 어른들의 자세만을 다루는 일방성의 한계를 넘어선다. 계몽성을 중시하는 사고는 인간이 자신의 이성과 오성을 사용하여 이 세상 안에서 꿋꿋이 살아갈 수 있다는 생각에서 출발한다. 동시에 계몽적인 사고는 인간에게 그 자신의 이성을 좇을 것을 요구한다. 인간의 독자적인 사고를 인정함과 동시에 이를 요구하는 것, 이러한 두 겹의 사고는 어린이 철학의 계몽적 취지를 매우 폭넓은 것으로 만들어준다. 어린이와 함께 철학하기가 스스로 사고하여 방향을 설정한다는 의미에서 계몽적인 기여를 하는 것으로 이해된다면, 이 안에서 두 가지 계기, 즉 어린이의 사고를 수용하는 일과 사고능력을 키우는 일 모두가 균등하게 고려될 수 있을 것이다.

이제 말한 방향설정의 능력은 비판적인 의도를 품고 있다. 그리고 인간의 사회적이고 역사적인 삶의 질문되지 않았던 면에 시선을 둔다. 방향을 설정한다는 것은 기존의 삶에 단순히 적응하는 것을 목표로 하지 않는다.

> 목표는 사회적이고 역사적인 삶 속에서 자신을 자각하여 자신있게 움직이는 것, 필요에 따라서는 삶을 자신의 기준에 맞춰 구성하는 것이다. 세계 내에 존재한다든가 삶에 대해 "이해"[47]하는 태도로 존재한다는 것은 위와 같은 전제 하에서이다. 그래서 어린이 철학은 앞서 언급한 상업화된 우리의 삶의 환경에 대한 한 가지 저항의 수단이 된다.

이제 사회에 만연한 시장순응적인 가치설정의 지식 외에도 삶 속에서 현명함과 판단력의 근거로 작용할 방향설정의 지식이 성립된다.

어떤 개인에게 그의 삶 가운데서 상황에 따라 올바른 행동을 하도록 하는 인식능력이 드러나는 것은 (…) 판단력을 통해서이다. (…) 판단력의 배후에는 개인이 스스로의 전 인격과 책임을 갖고 존재하기 내문에, 판단력은 인간을 도구적인 유용성만을 아는 기능적인 역할게임으로부터 보호해줄 수 있다.[75]

철학적 실천이란 이와 같은 정도로 나날의 삶에 철학적으로 계몽된 방향설정의 능력이 녹아들도록 하는 것이다.[76] 철학적 실천의 중심부에는 개인이 삶을 살아가는 데 의미가 깊거나 깊을 수 있는 철학적 앎이 놓여 있다.[77] "논리적으로 조언하는"[78] 성격을 띤 동등한 대화로서의 철학적 실천의 입장에서 볼 때 다음과 같은 전망이 성립된다.

어린이들이 아무리 '더 성숙해야 할' 존재들이라도 그들에 대해 단정적으로 규정하는 것은 옳지 않다. 어른들이 끊임없이 어린이가 세계를 이해하고 자기화하는 방식을 바깥에서 규정해버린다면, 결국 어린이들이 세계를 인식하고 세계와 관계 맺는 방식에 협소한 틀이 주어지게 된다. 만일 그런다면 어린이들이 누릴 자유로운 공간을 좁히고 세계의 계몽화를 저해하게 되는 것이다. 또한 그렇게 편협한 규정을 하는 이들은 결국 스스로의 각성마저 저해당하고 만다. 이 같은 편협화는 철학적 실천의 동기와 원칙적으로 모순될 뿐만 아니라, 어린이와 함께 철학하기 위한 기본전제와도 맞지 않는다.

만일 부모와 교육자가 자신들의 삶의 상황들 속에서 개방적이고 성찰하는 자세를 갖춘다면, 성공적으로 어린이와 함께 철학하는 일의 첫 걸음은 이미 이루어진 것이다. 동시에 이로써 계몽주의 철학의 본질적 동기가 실현되는 것이다.

이런 생각들을 갖고서 우리는 어린이와 함께 철학하기 위한 길을 모색해보았다. 이제 우리는 어린이 철학과 관련하여 계몽적 사상을 대표하는 두 철학자들을 소개하려고 한다. 발터 벤야민(Walter Benjamin)과 에케하르트 마르텐스(Ekkehard Martens)이다.

철학자 발터 벤야민은 이미 초기부터 이론과 실천을 통해서 어린이를 위한 교육과 '계몽'의 문제를 성찰하였다. 발터 벤야민은 1892년 7월 15일에 태어났다. 그는 김나지움(고등학교)을 졸업한 뒤 1912년에 프라이부르크에서 철학공부를 시작했고, 1919년에 베른에서 〈독일 낭만주의의 예술비평 개념〉이라는 논문으로 박사학위를 받았다. 그는 게르하르트 숄렘, 에른스트 블로흐, 지크프리트 크라카우어, 테오도어 W. 아도르노와 베어톨트 브레히트(1929년) 등과 친구나 지인의 관계로 지냈다.

교육학자인 구스타브 봐이네켄과의 만남으로 발터 벤야민은 처음으로 학생과 선생이 동등한 파트너 관계로 만날 수 있다는 것을 알게 되었다. 이 만남이 끼친 깊은 영향은 아무리 높이 평가해도 부족하다. 대학에서 공부할 때부터 훨씬 이후까지 벤야민은 이러한 계몽의 정신에서 나온 견해를 좇아야 한다고 느꼈다.

대학교수 자격을 취득하는 데 좌절하자 벤야민은 자유저술가이자 저널리스트로 활동했다. 그가 쓴 글 가운데서는 무엇보다 〈독

일비극의 기원〉과 〈아케이드 프로젝트(Passagen Werk)〉[79]가 유명해
졌다. 발터 벤야민은 1933년에 독일에서 도망쳐야 했다. 나치의 추
적을 받으며 도망가던 중 그는 1940년 포르부에서 스스로 목숨
을 끊었다.

발터 벤야민은 〈1900년경, 베를린의 유년시절〉에서 자신의 유년
의 기억을 돌아본다. 이론가로서 그는 거듭 어린이 교육과 청년운
동에 관심을 두었다. 벤야민이 어린이를 위한 계몽이 기울인 노력
은 별개로 존재하는 게 아니라, 회상과 역사의 발견을 통해 자신
이 사는 '현대'에 접근해가려는 그의 커다란 철학적 프로젝트의 일
부분을 이룬다. 그는 이 작업을 대부분 피상적으로 보이는 몇 개의
현상들을 엿보듯 탐구함으로써 해냈다. 그가 유년기 및 청년기에
관련해서 베를린의 주거환경이나 베를린의 방언 혹은 놋쇠공장에
대해 묘사한 것은 그의 다른 철학적 작업에서 자연스럽게 그 일부
가 된다. 벤야민은 1927년부터 죽을 때까지 〈아케이드 프로젝트〉
에 힘을 쏟았다. 유리와 철로 만들어진 파리의 아케이드는 오늘날
의 백화점의 전신이라고 할 만한 것인데, 이로부터 벤야민은 현대
의 시대성과 삶의 조건을 감지해내고자 했다.

1920년대 말에서 1930년대 초 사이에 벤야민은 베를린의 라디
오 방송국에서 어린이와 청소년용 방송원고를 집필했다. 에른스

트 쇼엔과 함께 그는 빌헬름 하우프의 작품 《차가운 심장(Das kalte Herz)》을 라디오 방송극으로 만들었다. 이 동화에서 석탄을 굽는 사내인 페터 뭉크는 홀랜더 미헬에게 자신의 심장을 주고 맞바꾼 돌로 10만 굴덴이라는 큰돈을 얻게 된다. 이 거래로 페터 뭉크는 경제적으로는 훨씬 형편이 나아지지만, 마음이 차가운 자가 된다. 낭만주의에서 자주 사용되는 비유인 돌로 만들어진 심장은 19세기에 삶의 영역이 경제화되는 것에 대한 반응으로 생각할 수 있다. 발터 벤야민은 이 모티브를 다시 살려낸 것이다. 물론 그는 자신이나 청취자들 모두 경제의 위력에 관한 한 이미 완성된 시대에 와 있음을 알았다. 그래서 개인적인 운신의 공간에 대한 필요는 그만큼 절박해진다.

이 방송극에서 벤야민이 왜 방송이라는 매체를 선택했는지에 대한 간단한 이유를 알 수 있다. 방송극이 시작되면 등장인물들은 극 바깥의 방송 담당자와 이야기를 나눈다. 그 대화의 내용을 들어보자면 아래와 같다.

페터 뭉크	사실을 고백하자면, 우리는 정말 한 번쯤 귀로 듣는 방송을 타고 싶었습니다.
방송 담당자	방송에 나오고 싶었다고요? 페터 뭉크 씨가? 대체 무슨 연유에서였죠? 좀더 명확하게 말씀을 해주셔

야 알 것 같은데요!

페터 뭉크 한번 들어보세요. 우리는 벌써 백 년도 더 지나도록 하우프의 동화책 속에 있었습니다. 그러면 언제나 한 명의 어린이에게밖에는 말을 걸 수가 없더군요. 한데 이제는 동화 속 인물들이 책에서 바깥으로 나와 목소리를 통해 이야기하는 게 유행이 되었잖아요. 그러면 한꺼번에 수천 명의 어린이에게 우리를 나타낼 수 있지 않겠어요? 우리도 한번 해보고 싶었습니다. 누가 그러더군요. 담당자 선생님께서 우리를 도와주실 바로 그분이라고 말이에요.[80]

벤야민은 일찍부터 새로운 커뮤니케이션 매체가 제공하는 가능성에 관심을 갖고 있었다. 그는 기분전환용의 오락매체로서 기능하는 대중매체에 대해서도 원칙적으로 거부적인 태도를 갖고 있지 않았다. "방송의 힘으로 가정집 거실은 공공장소로 바뀔 수 있다."[81]는 것이 그의 견해였다. 발터 벤야민은 애초부터, 어린이와 함께 철학하기는 고립된 철학교실에서만 이루어질 수가 없다는 것을 인식하고 있었다. 벤야민은 어른들과 아이들이 함께 하는 철학은 일상생활 속에서 이루어져야만 한다고 생각했다. 그렇게 해서 이성의 공공연한 사용을 요구하는 계몽주의의 정신이 대중매체의 시대에 실현된다고 본 것이다.

이런 점에서 보면 그는 대중매체에 대해서 아무런 접촉공포증 같은 것을 갖고 있지 않았고, 그래서 새로운 매체환경 속에서 "어떻게 어린이를 위한 계몽을 실현할 수 있을까?"라는 질문을 던질 줄 아는 선구자가 되었다. 1929년부터 1932까지 벤야민은 스스로 베를린 방송국과 남서독 방송국(쥐트베스트도이첸 룬트풍크)에서 20분 길이의 강연을 방송했는데, 벤야민이 어떻게 '어린이의 계몽'을 위해 애썼는지를 보여주는 그 강연원고들을 잠시 살펴보기로 하자.

- 우선 벤야민은 그의 강연에서 역사적인 배경을 설명한다. 한 강연에서 그는 '마녀재판'의 예를 든다. 그는 편견과 미신을 수집하여 한 권의 책에 체계적으로 기술한 '마녀의 망치'가 교회의 마녀재판의 중요한 도구가 된 역사적 사실을 소개한다. 또 다른 강연에서는 그는 프랑스의 감옥이었던 바스티유가 '허물어지고' 프랑스 혁명의 시발점이 된 사례로 제시하였다.

-발터 벤야민은 다른 한편 어린이의 사고능력을 중요하게 생각했다. 다시 한번 리프먼이 해리 스토틀마이어 이야기의 초입부에

소개했던 "모든 S는 P이다." 형식의 명제와 그 역에 관한 문제로 돌아가보자. "모든 행성은 태양의 주위를 돈다."는 명제를 "태양의 주위를 도는 것은 모두 행성이다."라는 명제로 뒤집으면 참이 아니다. 전체와 부분집합을 동일시하는 혼동이 일어났기 때문이다. 벤야민이 소개하는 논리적 오류도 바로 이와 같은 예였다. 벤야민은 마녀재판에 관한 강연에서 어떤 논리적 트릭으로 그릇된 것이 정당화되었는지를 보여준다. 당시에 마녀의 존재를 입증하는 증거는 이러했다. "마녀의 존재를 부정하는 자는 혼령의 존재를 부정하는 셈이다. 왜냐하면 마녀는 혼령이기 때문이다. 하지만 혼령의 존재를 부정하는 자는 신의 존재 또한 부정하는 것이다. 왜냐하면 신 또한 마녀처럼 혼령적 존재이기 때문이다. 하지만 보라. 신은 분명히 존재하시니, 결론적으로 마녀 또한 존재할 수밖에 없는 것이다."

지금 소개한 마녀의 존재에 대한 증명과정은 여러 가지 점에서 문제가 많다. 여기서 "모든 S는 P이다." 형식의 명제를 뒤집을 때 나타나는 오류는, 모든 마녀의 존재를 모든 혼령의 존재와 등치시킨다는 데 있다. "모든 마녀는 혼령이다."가 간단하게 "모든 혼령은 마녀이다."로 뒤집어진다. 이것은 김나지움에서 3년 차 학생만 되어도 과제에서 틀려선 안 되는 논리적 오류라고 벤야민은 말한다. 그런데도 우리는 도처에서 이런 논리적 오류들을 발견한다. 편견은 대부분 이런 논리적 오류를 토대로 생겨난다. 벤야민이 이와 같은 사고력 결핍에 대해 뭐라고 하는지 들어보자. "오류와 궤변만 해도 이미 충분히 나쁘다. 그런데 그것들에게 질서와 일관성을 부여하려고 하면, 그때는 나쁠 뿐만 아니라 지극히 위험한 것이 되고 만다."[82]

 ─ 마지막으로 놋쇠공장을 방문한 체험을 예로 든 벤야민의 강연에서 우리는 어린이와 청소년을 그들이 살고 있는 세상에 접근시키려는 노력을 볼 수 있다. 이 강연은 귀여운 쥐가 등장하는 요즘 프로그램 '마우스와 함께'의 대부처럼 보일 정도이다.

 위의 예들이 보여주듯이 발터 벤야민은 여러 가지 통로로 자신의 견해를 피력하였다. 그에게 중요한 것은 역사적이고 사회적인 계몽이었다. 더 나아가서 그는 리프먼이 사고의 '연장'이라고 칭한 것에 대해서도 소홀하지 않았다. 다만 리프먼이 부분적으로 계몽적 사고의 유산과 연관 짓지 않고서도 제기한 문제들이 있는데, 이것을 벤야민은 항상 사회적 관점에서 바라보았다는 것이다. 이런 면모는 벤야민의 '편견'에 대한 비판에서도 분명히 드러난다.

 동시대의 철학교육학자인 에케하르트 마르텐스도 역시 계몽주의의 전통과 연관을 맺었다. 사실 독일어권에서 어린이 철학의 본

격적인 선구자는 마르텐스라고 보아야 한다.[83] 풍부하고 방대한 그의 연구를 통해서 마르텐스는 어린이와 함께 철학하기에 결정적인 아이디어를 깔아주었다. 그는 1943년에 태어나서 함부르크 대학에서 철학과 고대어 학과의 교수를 지냈으며 《철학과 윤리학 교육을 위한 잡지》의 공동발행인으로 활동하였다. 그의 어린이 철학은 철학교육학의 일부분으로 전개되었다. 앞서 소개한 리프먼과 매튜스와 같은 입장에서 출발한 마르텐스는 계몽적 철학의 핵심인물인 칸트와 분명한 연관성을 보여준다. 그는 벤야민의 방송강연 사례를 어린이 계몽의 실천적인 예로 평가하였다.

마르텐스는 칸트가 계몽을 위해 요구한 '스스로 사고하기'를 자신의 출발점으로 삼았다. "용기를 내어 그대 자신의 이성을 사용하라." 이러한 칸트의 요청으로 말미암아 철학은 "읽기, 쓰기, 계산하기와 마찬가지로 인간이 삶을 가꾸고 살아가는 데 기본적인 문화적 기술"이 되었다. 이것은 "철학을 통해 가르치고 배우고 실천할 수 있는 것은 활용되어야 하며, 이 점은 어린이들과 함께 하는 데서도 마찬가지"[84]라는 뜻이다. 흔히 계몽기 이전의 태도로 일컬어지는 태도들, 즉 권위에 굴종하고 단순하게 열광하며 자신을 내주고 비이성적으로 행동하는 태도의 반대편에 칸트의 "스스로 사고하여 방향을 설정하라."는 계명이 빛을 발한다.[85] 스스로 사고하기는, 칸트에 따르면 "길을 안내하는 표지판이고 나침반"이다. 이 나침반은 아마도 대도시의 아케이드에서도 길을 잃지 않도록 도와주는 장치일 것이다.

3장. 어린이와 함께 철학하기

어린이와 철학하기에 관련된 다양한 입장들을 살펴봄으로써 이제 우리는 어린이 철학이라는 영역을 좀더 명확하게 고찰할 준비를 갖추었다. 지금까지 우리는 주로 어린이에 대해서, 어린이의 발달과 능력에 대해서 관심을 기울였다. 이제는 철학 자체에 대해서, 철학이 무엇이며 또 무엇을 할 수 있는지를 살펴보고자 한다. 다음에서 우리는 어린이 철학에서 중요한 일곱 가지 주제를 제시하고자 한다.

철학이란 대체 무엇일까? 지금껏 우리는 대략적으로 암시하는 정도로밖에 말하지 못하였다. 그 이유는 우리가 태만했기 때문이라기보다는, 철학 자체가 어려운 면이 있기 때문일 것이다.

표준적인 철학사전으로 정평이 난 ≪통시 철학사전(Historisches Wörterbuch der Philosophie)≫을 참조해보자. '철학' 항목을 찾아보면 수백 개의 단락으로 이루어진 설명이 나오고, 이 부분만 따로 책으로 출간되어 있다. 이로부터 어떤 사실을 알 수 있을까? 우선 철학이 무엇이냐는 질문에 대해서는 매우 많은 말로 대답할 수밖에 없다는 사실이다. 또한 우리는 철학자들 자신도 철학이 무엇이냐는 질문에 거듭 봉착하며, 그 대답은 서로 날카롭게 모순될 때도 있다는 사실이다. 그래서 철학이 무엇이냐는 질문 역시 철학의 한 부분을 이루고 있다.

사정이 이러하니, 우리는 철학이 무엇인지에 대해 한 번에 포괄적으로 대답하기가 어렵지만, 접근을 시도해볼 수는 있을 것이다. 앞서 여러 번 언급된 바 있는 철학자 임마누엘 칸트는, 우리가 배울 수 있는 것은 철학 자체가 아니라 철학적 사고행위라고 하였다.[86] 철학에서 중요한 것은 영향력이 막강한 사상가들의 전기와 작품을 저장했다가 집에 가져갈 수 있도록 내주는 게 아니다. 철학은 칸트의 말에 따르면 사전적으로 정리된 지식의 총합 이상의 것임이 분명하다. 철학(Philosophie)은 어떤 '실천, 실행(Vollzug)'이다. 무엇의 실행인가 하면, 철학은 지혜(sophie)에 대한 사랑(philo), 즉 추구의 실행이다. 철학은 비판적인 의문제기이고 성찰이며 성찰한 내용을

교환하기, 즉 대화이다.[87]

　철학을 이루는 것은 질문, 비판, 대화이다. 이에 관해 더 상세히 말하고 난 뒤에, 이것이 어린이와 함께 철학하기와 어떻게 연관되는지를 보이겠다.

| 경이로움을 느끼며, 질문하기 |

로베르트 슈페만은 "철학은 세계를 이해하려는 노력"이라고 쉽게 정의 내렸다.[88] 이 정의는 너무 일반적인 나머지 반대에 부딪힐 수 없는 성질의 것이다. 동시에 이 정의는 내용이 없을 만큼 일반적인 것이라고도 할 수 있다. 이 정의에 따르면 스스로 철학하지 않는 인간은 한 명도 존재하지 않을 것이다. 누구든 어떤 순간엔가는 자신과 세계에 대해서 질문을 던지기 때문이다. 이미 앞에서 우리는 인간을 질문하는 능력을 지닌 존재로 특징지은 바 있다. 철학은 인간에게 낯설거나 외부적인 것이 아니다. 모든 인간이 때로는 철학자인 것이다.

그리고 앞서의 논의에서 우리는 어린이가 지닌 특유의 순진성 속에는 독자적인 철학적 물음의 통로가 있음을 제시했다. 어른들은 이미 다 설명된 걸로 여기는 많은 것들을 어린이들은 새롭게 여기는 것이다. 어른들은 이미 다 설명된 것에 대해서는 질문할 생각을 품게 되지 않는다.[89] 그럼에도 뭔가가 여전히 궁금할 때면 어른들은 흔히 그들에게 익숙한 방식으로 질문 자체를 회피한다. 그 회피의 방식은 그저 '받아들이기'이다. "그건 원래 그런 거야." 혹은 "뭐 그렇다고 문제는 없잖아."라는 흔히 듣는 말속에 어른들의 회피하는 태도가 드러난다. 이런 태도 역시 느슨하고 여유로운 철학적 태도라고 할 수 있을는지 모르겠다. 하지만 그런 태도로 인해 자신과 세계에 대한 질문이 정지될 수도 있다.

철학은 본질적으로 인간의 자세에 속하는 것이지만, 어른들보다는 어린이들이 더 철학의 원천 가까이에서 산다. 어린이들은 세계를 궁금해한다. 어린이들은 앞뒤 사정을 고려치 않고 세계를 알고 싶어 한다. 그런데 어른들은 질문할 이유가 없다고 생각하기 때문에 그들에게는 어린이들의 질문이 부적절한 것, 입장을 난처하게 하는 것, 어른의 인내심을 한계에 부딪치게 하는 것 정도로 여겨진다. 이런 점을 볼 때 우리는 첫 번째 주제를 떠올리게 된다.

> 어린이와 함께 철학하기란 어린이에게 외부로부터 뭔가를 하도록 시키는 게 아니다. 어린이들은 원래부터 철학의 가까이에서 산다. 혹은 달리 말하면, 철학하는 모든 이들은 어린이와 같다고 할 수 있다.

어른들은 의식적-무의식적으로 질문들을 회피하면서 산다. 하지만 어린이들은 경이로움을 느끼며 세계를 바라본다. 이런 자세에서 철학은 비롯되는 것이다. 서양철학의 시조인 플라톤과 아리스토텔레스는 모두 '경이감'을 철학하기의 근원으로 보았다. 경이로워한다는 것은 사물과 만날 때 자신을 개방하고 이해하려 한다는 뜻이다. 개방성과 호기심(알고자 함)은 세계를 마주 보고 철학하려 할 때의 기본자세이다. 세계를 철학적으로 대한다고 할 때 그 특징은 바로 질문하는 자세에 있다. 철학자들은 일상적인 반복과 겉보기의 확실함에 밀려 더 이상 질문들이 생겨나지 않을 때조차 어느 만큼씩은 어린이의 눈으로 세계를 질문한다.

주어진 사물을 궁금하게 여기는 자세나 능력의 결핍에 관해서는 이미 철학 안에 여러 번 언급되어 있다. 예를 들면 마르틴 하이데거(1889~1976)는 20세기의 중요한 저작인 《존재와 시간》에서 이 문제를 거론했다. 하이데거는 집단의 태도와 관념들에 매몰된 익명적 존재인 Man이라는 철학적 개념의 설정을 통해서, 일상적인 것을 의문시하는 자세가 상실된 상태를 적절하게 묘사했다. Man

---

* 보완적으로 말하건대, 어떤 경우든 경험자가 아니라 무조건 처음이라는 듯한 태도를 취하는 것이 옳다는 뜻은 아니다. 한편에 어린이 철학이 있다면 그 맞은편에는 '노인철학'이 있다. 내가 귀 기울여 듣고 또 내가 말을 할 때 귀 기울여지는 상황을 이루는 데서 생기는 어려움들은 '어린이 철학'에서와 마찬가지로 어떤 원칙을 따르는 가운데 극복되어야 할 것이다. 현재 우리사회에서는 순진성과 마찬가지로 경험도 평가절하되어 있다.

의 삶의 특징은 "거리를 취하기, 평균적인 태도, 무미건조함"[90]에 있다.

우리 가운데 누구나 "그런 건 원래 안되는 거야."라는 식의 불충분한 설명이 야기하는 불안과 불만을 알 것이다. 그런가 하면 동시에, 바로 똑같은 그 설명방식이 주는, 짐을 던 듯한 안도감도 알고 있을 것이다. 이같이 짐을 덜고 안심시켜주는 기능이야말로 뭔가를 뿌리까지 사유하기보다는 있는 그대로 받아들이게끔 하는 힘일 것이다.

한편 우리는 언제, 편견 없이 어린이처럼 순진하게 질문하기를 멈추는 것일까? 어린이라도 체험들을 거치면서 쉽게 저 순진성을 잃는다. 매튜스의 보고에 따르면, 어린이들은 8~9살쯤[91] 되면 철학적 질문 던지기를 그만두는 경향이 현저해진다. 매튜스는 실제 어린이들과 교류하는 가운데[92] 어린이들이 학교에 들어가 자리를 잡으면 곧 '쓸모 있는' 질문들만 던지도록 유도된다는 사실을 발견했다.

이런 문제점은 지금껏 쓰여진 어린이용 도서 가운데 철학적으로 가장 풍부한 내용을 담고 있는 작품에서도 발견된다. 1865년에 찰스 루트위지 도지슨은 루이스 캐럴이라는 가명으로 《이상한 나라의 앨리스》를 발표한다. 그리고 6년 뒤에는 《거울나라의 앨리스》

를 발표한다. 우리는 이 놀라운 두 번째 이야기에서, 복잡하고 서두르는 현대의 세계가 동시대인에게 요구하는 것만 같은 강박에 대해 매우 적절히 묘사된 부분을 발견할 수 있다.

소녀 앨리스와 거울나라(체스판처럼 되어 있는)의 여왕은 함께 이편에서 저편으로 달려간다. 그러면서 앨리스는 이상한 점을 발견한다.[93]

그런데 신기하게도 두 사람이 아무리 빨리 달려도 나무와 주변의 광경은 조금도 변하지 않았다. 아무리 빨리 달려도 아무것도 지나쳐지지 않았다. '혹시 모든 게 우리와 함께 달리는 걸까?' 당황한 앨리스는 속으로 생각했다. 그러자 여왕은 앨리스가 무슨 생각을 하는지 짐작하는 듯이 이렇게 소리쳤다. "더 빨리! 이제 말할 시간은 없어!" 잠시 후에 여왕은 앨리스에게 이렇게 설명했다. "이 나라에선 제자리에 머무르기 위해서는 온힘을 다해 달려야 하지. 어딘가 가고 싶은 곳이 있다면, 두 배는 더 빨리 달려야 해!"

앨리스는 최고의 속도로 달리려면 입을 다물어야 했다. 소리 내어 말하지도 않고 마음속으로 질문을 하나 던졌을 뿐인데도 말이다. 질문이란 길과 방향에 주의를 기울인다는 뜻이다. 그래서 질문을 던지는 일은 속도를 늦추게 만든다. 질문은 정신없이 내달리는 일을 방해한다.

어린이와 함께 철학하기란 기존의 관념에 반대하여 질문을 긍정적으로 평가절상하는 새로운 무게중심이다. 질문한다는 것은 모른다는 뜻이 아니라, 호기심과 관심으로 해석되어야 한다. 어린이들은 자신들의 질문을 긍정적인 것으로 체험하고, 성가시다거나 방해가 되는 것으로 보지 않아야 한다. '어린이와 함께 철학하기'를 실천하다 보면, 그야말로 질문이 봇물처럼 터지는 걸 보게 된다.[94] 이 사실이 뜻하는 바는, 어린이들이 평소에는 하고 싶은 질문을 다 하지 않고, 엄두를 내지 못할 때가 많다는 것이다. 어린이와 함께 철학하기는 새롭게 질문의 문화를 확립하는 것을 목표로 한다. 요슈타인 가아더의 어린이책 《거기 누구 있어요?》[95]에는 질문의 문화가 아름답게 구현되는 장면이 있다.

가르더는 이 이야기에서 어린 소년과 먼 혹성에서 온 존재가 만나도록 한다. 미카라는 이름의 외계인은 그의 고향별에서는 누군가 질문을 하면 고개를 숙이는 관습이 있다고 이야기한다. 던져진 질문이 뜻깊으면 깊을수록 더 깊숙이 숙여 절을 한다는 것이다. 그럼으로써 질문과 질문을 던진 이에게 경의를 표시한다. 하지만 그 혹성에서 사는 이들은 대답하는 이에게는 절을 하지 않는다고 한다. "머리를 숙이는 것은 경의를 표시하는 것. (…) 대답에는 머리를 숙이는 법이 아니란다."[96]

낯선 질문의 문화를 보기 위해서라면 멀리 수 광년을 지나서 여행할 필요가 없다. 우리별 지구에서도 과거의 역사를 돌아보면 임마누엘 칸트와 게르오크 크리스토프 리히텐베르크(1742~1799)와 같은 훌륭한 계몽주의자들을 만날 수 있다. "중요한 질문은…" 리히텐베르크는 썼다. "언제나 가장 잘 알려진 사물에 대한 것이리라. 사물이 정말 그러한가, 하고 묻는 것이다. (…) 하지만 가장 필요한 때에 그러한 질문을 던지지 않으니, 정말 유감스러울 따름이다."[97] 좀더 명확하게는 이렇다. "모든 것을 적어도 한 번은 의심하라. 2 더하기 2를 4라고 하더라도 말이다."[98] 그는 어린이에 대해서는 다음과 같은 교육적 소망을 가졌다. "명확하지 않으면 전혀 이해하지 못한 것임을 어린이들에게 가르칠 수만 있다면."[99] 리히텐베르크는 어린이가 질문을 하도록 교육하기를 소망했던 것이다. 그가 추구한 교육학은 "질문하기의 문화"에 다름 아니었다.

별들과 지구의 과거 역사를 돌아본 우리는 다음의 주제를 생각하게 된다.

"어린이와 함께 철학하기란
어린이가 거리낌없이 질문하도록 지켜주는 것이다."

어린이와 함께 철학하기가 어른들의 입장에서는 쉽지 않은 부담을 스스로 지는 일이지만, 결국엔 어른들에게도 이 질문의 문화가 영향을 끼칠 것이다. 이는 무슨 말인가 하면,

"어린이와 함께 철학을 하면
어른들 마음속에서도 거리낌 없는 질문들이 잠을 깬다."

오해를 피하기 위해, 지금까지 말한 경이로움을 느끼며 질문하기에 관한 내용을 요약해보자. 우선 우리는, 철학하기는 근원과 자연스러움에 통한다는 것을 보았고, 어린이들과 함께 철학하기 위해서는 질문의 문화를 발전시켜야 함을 보았다. 이때 생각할 것은 어린이들이라고 해서 철학하는 뛰어난 능력을 가진 게 아니라는 점이다. 어린이들은 어른들보다 못하지는 않지만 그렇다고 해서 원래부터 철학적 질문에 대한 답을 가진 존재들이 아니다. 어린이들은 다만 질문을 더 많이 가졌을 뿐이다.

| 비판적으로 사고하기 |

 세계를 철학적으로 보는 일이 어린이들에겐 낯선 일이 아니라는 점을 우리는 보았다. 하지만 해명되지 않은 질문은 "왜 어린이들이 철학을 해야 하는가?"이다. 그래, 질문을 던져보자. "어린이는 왜 철학을 해야 하는가?" 그렇다면 그 이전의 질문은 "대체 왜 철학을 하는가?"이다.

 기초적인 학문으로서의 철학은 시초부터 논란의 여지가 있었다. 철학은 관심을 불러일으켰지만, 동시에 미심쩍게 받아들여졌는데, 그 이유는 대체 철학이 무엇에 유용하고 그 인식의 가치를 어떻게 평가할지가 분명치 않았기 때문이었다. 최초의 서양철학자들 가운데 하나인 밀레의 탈레스에 대해서 소크라테스는 이런 이야기를 했다.

 그(탈레스)가 하늘의 현상들을 관찰한다며 시선을 위로 두다가 우물에 빠졌을 때 트라키아의 영리하고 재치 있는 한 처녀가 그를 비웃었다고 한다. 온통 마음을 쏟아 하늘에서 벌어지는 일들을 좇아 생각한다는 이가 자기 코앞에 발밑은 전혀 알지 못했다고 말이다. 철학에 모든 걸 바친 이들은 사실상 이와 같은 조롱의 대상이 될 만 하다.[100]

탈레스를 조롱한 처녀가 떠올린, 실상 매우 철학적인 질문은 이 것이었다. "일상적인 것에도 미숙한 자가 어떻게 천구와 하늘에 대한 인식에 도달하려 하는가?" 그런데 아리스토텔레스는 철학을 비판하는 이런 입장을 비판하는 또 다른 이야기를 내놓는다. "탈레스는 뛰어난 천문학적 지식을 가졌기에 기름의 풍성한 수확을 예견할 수도 있었고, 결국 많은 돈을 벌 수 있는 길을 밟아갈 수도 있었다. 다시 말해, 탈레스는 스스로 장사 수완을 지녔음을 입증하기는 했지만 장사꾼으로 살아갈 생각이 없었고, 다시 자신의 연구에 몰두하였다."[101]

아리스토텔레스는 탈레스가 원했다면 할 수도 있었다고 말한다. 이것이 아리스토텔레스가 어떤 행위의 뜻과 유용성을 세속적인 성공과 활용 가능성 여부로 측정하는 모든 이들에게 던져주는 '뼈다귀'이다. 하지만 탈레스의 관심은 추가적인 이득과 유용성이 아니었다. 그는 다시 새롭게 자신의 철학에 몰두했을 뿐이다.

철학적인 질문을 던지는 일이 그 유용성에 대한 고려를 뛰어넘는 것은, 인간은 본성적으로 앎을 추구하기 때문이다(아리스토텔레스). 인간은 자신과 그가 살아 움직이는 세계를 이해하고자 한다. 지혜를 추구하는 행위로서의 철학은 그 시작부터 계몽에 다름아니며, 또한 계몽에 대한 계몽이기도 하다. 지혜를 추구하는 철학은 인간의 성숙성을 전제로 한다. 철학은 인간에게 자신의 이성을 따를 것을 요청한다. 철학하는 인간은 지나치게 서둘러 주어진 대답에 만족하지 않으며, 한 번도 들어본 적 없는 것, 일상 가운데서 한 번도 물음의 대상이 되어본 적이 없는 일상성에 대해서도 깨어 열린 마음으로 대한다. 이로부터 우리의 네 번째 주제가 나온다.

"철학에는 본래적으로 교육적인 특성을 지닌 싹이 들어 있는데,
그것은 바로 철학의 계몽성이다."

철학이 원래부터 지녀온 교육적 특성을 우리는 이미 소크라테스와 소피스트들을 살펴볼 때 알 수 있었다. 역사적으로는 철학의 이런 면모가 새롭게 부각되는 것이 '계몽주의 시대'이다. 이 시대의 철학이 지향한 이념은 인간과 전 인류의 교육이었다. 보편적인 민족교육의 이념은 전체 '계몽주의'의 특징을 이루었다. 이 시대는 사회적 공공성, 따라서 참여의 가능성이 생성된 시기였다.[102]

칸트는 계몽의 시대를 비판의 시대로 규정했다. 원래 비판(Kritik)이란 '판단한다', '결정을 내리다', '구분하다'란 뜻이다. 계몽주의 시대에는 세계와 관계를 맺는 주된 자세가 '비판'에 있었다. 모든 인식과 인식에의 요구가 칸트가 말하는 이성의 재판정에 놓여져

그 정당성을 검토받아야 했기 때문이다. 비판이란 자기를 스스로 규정하는 것이고 독자적으로 사고하는 것으로, 상급의 권위가 가르치는 도그마와 대립되는 것이다.

많이 인용되는 칸트의 정의에 따르면, 계몽이란 스스로 빚진 미성숙의 상태로부터의 탈출이다. 칸트는 이를 부연하여, 미성숙이란 자신의 판단력을 사용치 않는 것이라고 했다. 인간이 스스로 미성숙을 초래한 이유는, 칸트의 말에 따르면, 대부분의 인간이 비겁함이나 게으름 때문에 자신의 판단력을 사용치 않기 때문이다.[103] 칸트의 유명한 계몽적 명제를 참조하면서 우리는 어린이 철학에 관련하여 다음의 주제를 제시할 수 있다.

> "함께 철학을 함으로써 우리는 어린이들이
> 미성숙한 상태로 빠지는 것을 늦추거나 혹은
> 완전히 저지할 수 있다."

우리는 이미 발터 벤야민과 에케하르트 마르텐을 통해서 "스스로 사고하여 방향을 설정한다."는 것이 어린이 철학의 핵심임을 보았다. 이런 의미에서 철학은 나침반이고 방향지(方向知)이다. 철학은 지도를 읽는 방법이지만, 그 자체가 어떤 길을 가르키지는 않는다. 철학은 어떤 방향에 대한 제안이 아니다. 철학은 무턱대고 내달리며 우왕좌왕하지 않도록 도와주지만, 직접 어떤 목표를 보여주지는 않는다. 철학이 이와 같은 것이라면, 철학을 상세한 지도로 상상하는 것은 옳지 않다. 하지만 철학은 낯선 영역에서 돌아다닐 때 도움이 된다.[104]

어느 시대든 당대에 대한 문화적 비관론은 있게 마련이지만, 그럼에도 오늘날은 정말로 방향을 설정하는 앎이 절실히 필요한 그런 시대이다. 변화하는 사회환경을 이야기해보자. 현대사회에서 사람들은 점차로 어떤 결속과 정착지도 없이 살아가야 하는 현실에 부딪혀 있다. 전통적인 소속과 결속의 관계들(일례로 교회)은 이제 그 구속력과 설득력을 잃어가고 있다. 이웃, 스포츠 동호회, 정당 등과 같은 공동체적-사회적 결속집단들도 매력을 상실하고 있다. 물론 여전히 친밀한 공동체들이 남아 있기는 하다. 하지만 전체적으로 포스트모던한 현대의 자유분방하고 다원주의적이며 세계화된 사회 속에서, 아직까지 어떤 관계들이 가능한가에 무관하게, 사람들은 자신들의 삶을 스스로 끌고 나아가야 하고, 이 점에서 개인들은 어느 때보다도 고립되어 있다고 할 수 있다.[105] 이런 상황에서 '방향설정의 능력'은 흔치 않지만 점점 더 수요가 증가하는 가치이다.

그런데 묘하게도 다른 한편으로 '방향설정의 능력'은 삶의 의미를 제시한다는 상품들의 시장에서 공급이 넘쳐나는 품목이기도 하다. 요즘처럼 삶의 방향을 알려준다는 상품들이 범람한 적이 전에는 없었다. 방향설정을 도와주는 그 상품들은 때로는 절충적으로 때로는 너무나 통속적인 양상으로 각종 대중매체를 통해 널리 전파되고 있다. 눈을 들어 어디를 보아도 의미를 가르쳐주는 사람들과 상품들로 넘쳐나는 것 같다. 사이비 심리주의나 신비주의 집단들은 '현자의 돌'을 가졌다고 주장한다. 그들 모두가 삶의 방향을 알려주겠다고 약속한다. 이러니 개인들은 돕겠다는 손길의 홍수 속에서 또 어떻게 갈피를 잡아야 할까?[106] 삶을 방향을 가르쳐주겠다는 약속들의 혼돈 속에서 방향을 잡는 일이 이제는 점차 또 하나의 과제가 되고 있다.

다소 도식적으로 묘사했지만, 우리의 사회현실이 정말 위와 같다면, 우리는 어린이 철학에 관련해서 하나의 주제를 더 제시할 수 있다.

"오늘날의 사회에서 어린이와 함께 철학하기는
방향설정의 능력을 키워주기 때문에
점점 더 뜻깊은 일이 된다."

"나침반이자 지도를 보는 방법으로서의 철학." 거리는 갈수록 복잡해지기 때문에 지도를 보는 법을 아는 것은 뜻깊은 일이다. 일상생활의 세부에까지 각종 정보와 제안들이 넘쳐나기 때문에, 구분하고 판단하며 가치를 숙고하고 평가하여 결정하는 능력, 또한 남들과 대화를 통해 논점에 접근하는 능력은 매우 중요하다. 이러한 과정을 통해 대상을 분류하고 범주화하며 환원시키는가 하면 어떤 근거를 토대로 선택하는 지적인 문화가 가능해지기 때문이다. 이러한 활동을 통해서 대상을 개괄하고 조절하며 제대로 삶을 누릴 수 있게 되기 때문이다. 우리가 사는 매우 복잡하고 개괄하기 어려운 세계에서 개인으로서 자신을 주장하려면, 어려서부터 이를 위한 능력을 키워야 한다. 어린이와 함께 철학하기는 이러한 목표에 도움을 줄 수 있다.

| 대화하기 |

우리는 철학이 세계에 대해 열린 자세를 취하는 실천임을 보았다. 철학은 세계 안에서 하나의 태도를 가리킨다. 즉 스스로 사고하면서 세계 안에서 방향을 모색하는 것이다.

사고가 이루어지는 매개는 바로 대화이다. 철학하기란 물음을 던지고 답하고, 검토하고, 답을 던져버리는 일이다. 짧게 말해서, 철학이란 대화하기이다. 자기 자신이든 책이든 혹은 다른 사람이든 철학이란 대화 속으로 들어서는 행위이다. 철학은 잡담이 아니다. 철학은 자신을 둘러싼 세계를 앞에 두고서 스스로 깨달으려는 참되고 진지한 노력이다. 우리는 리프먼이 대상과 연장, 그리고 배경을 구분한 것을 보았다. 어떤 대화가 철학행위가 되려면 대화의 주제만으로는 부족하다. 논리적으로 말하기라는 규칙이 필요하고 대화자들 상호 간에 지켜야 할 대화의 규칙이 필요하다.

어린이들과 함께 철학할 때 주의할 점은, 대화와 논리의 규칙을 전달하는 과정에서 어른들이 일방적인 태도를 지니기 쉽다는 것인데, 이 점에 대해서는 이미 앞서 리프먼과 매개이론 부분에서 언급했다. 따라서 이제 우리가 말해야 할 것은, 어린이와 함께 철학하기가 사고의 연장을 다루는 법을 매개할 수 있다는 측면이다.[107] 그리고 우리가 아직 거론하지 않은 것은 특히 '철학적 대화참여자들은 자기 자신을 어떻게 이해하는가'에 관한 부분이다. 철학적 대화에 참여할 때는 누구나 진리와 정당성, 개연성을 얻기 위해 나아가겠다는 마음 자세가 있어야 한다. 그래야만 뭔가를 이해하려는 진지한 노력을 할 수 있다. 자기 자신과 상대자가 철학적 대화를 해나가는 데 실천적으로 요구되는 규칙들은 다음과 같다.[108]

1. 진지하게 앎을 추구한다면, 탐구하는 대상에 대한 모든 의견과 관점을 검토해야 한다. 그러기 위해서는 모든 대화참여자가 말하고자 하는 바를 말할 수 있어야 한다.
2. 모든 대화참여자는 발언하는 데 있어서 동등한 기회를 가져야 한다.*
3. 또한 모든 견해에 대해서 동등한 비중이 주어져야 한다. 즉, 모든 견해가 편견 없이 다루어져야 한다.
4. 대화의 흐름과 전개는 대화에 참여한 당사자들에 의해 결정되어야 한다.

---

* 공평하고 정의로우며 수용적인 자세는 토론의 윤리일 것이다.

어린이와 함께 철학을 할 때 이와 같은 기본적 규칙이 실천되면, 우리는 어린이 철학이 다음과 같은 이로움을 얻게 되리라고 본다. 마지막 주제이다.

"어린이와 함께 철학하기는 타인과 이성적으로 교류하는 의사소통의 능력을 매개한다. 이로써 어린이는 자신감과 관용과 타인에 대한 존중을 배울 것이다. 어린이는 단지 말하기와 의견 전개, 입장 수호의 방법만을 배우는 게 아니라, 타인의 말에 귀를 기울이고, 타인들을 동등한 대화상대자로 수용하는 법을 배울 것이다."

어린이와 함께 철학할 때 실제로 이러한 성취를 이루기 위해서 근본적으로 실천되어야 할 사항은 무엇일까? 그 첫 번째 접근을 위해 우리는 철학행위의 상이한 형식들을 살펴보려고 한다. 단, 다음의 철학적 유형들을 철학적 지식을 전달하는 일련의 교수법 모델로 간주하지 말기 바란다. 다음에 제시되는 유형들은 철학행위를 각각 상이하게 이해한다.

- 우선 철학의 유형을 나누는 데 있어서 전래의 철학적 가르침을

지향하는지, 아니면 철학을 다수 인물들 간의 상호작용과 생각의 교환으로 이해하는지에 따라 나눌 수 있다. 전자의 경우, 즉 기존의 철학을 전면에 내세우는 경우에는 '독백적/모놀로그적'이라고 하고, 후자의 경우, 즉 철학을 둘 혹은 그 이상의 대화참여자들 간에 발행하는 사건으로 보는 경우에는 '대화적'이라고 한다.

  - 다음으로는 인식을 얻는 주체가 혼자인지 아니면 공동체인지에 따라서 철학을 나누어볼 수 있다. 전자는 '닫힌 철학'으로 한 사람이 철학하여 다른 사람들에게 인식과 통찰내용을 전달하게 된다. 후자는 '열린 철학'으로 다른 사람과 인식을 발전시켜가는 것이다.

  다음에 제시하는 것은 헤르베르트 슈내델바흐가 제안하는 유형의 도표이다.＊ 우리는 슈내델바흐의 유형론에서 '교리적', '대화적'이라는 구분을 받아들였다. 교리적인 철학은 가르쳐줄 수 있는 지식의 형태로 이미 존재하는 철학유형이기 때문에 구체적으로 상

＊ 아무도 의무적으로 말해야 할 의무는 없다는 사실은 이론적으로는 명백한 규칙인데, 이 점을 극명히 강조한 것은 다우러의 공적이다.

대방이 존재할 필요가 없고, 따라서 '모놀로그적'이라고 할 수 있을 것이다.[109]

	독백적(monological)	대화적(dialogical)
폐쇄적	권위적 교리의 하달	소크라테스적 대화
개방적	학자들간의 대화	철학적 대화 (철학하는 이들의 대화)

이 도표에서 우리는 네 가지의 철학유형들을 볼 수 있다. 여기에는 어린이와 함께 하는 철학도 포함된다. 우선 폐쇄적이고 독백적인 철학은 권위적 교리를 하달하는 방식으로 제시되는 철학이다. 이러한 철학방식에서는 강의가 끝난 뒤에야 청중이 질문하도록 되는데, 그 이유는 가능하면 강론의 흐름이 끊기지 않아야 하기 때문이다. 다음으로 개방적이고 독백적인 철학은 학자들이 서로 대화하는 유형의 철학인데, 여기서는 대화상대자의 견해보다도 기존의 철학적 전통 및 가르침을 중시하게 된다. 세 번째는 폐쇄적이고 대화적인 철학유형으로, 좋은 예가 소크라테스의 《대화》이다. 이에 대한 비판은 책의 앞부분에서 보인 바와 같다. 이러한 대화에서는 대화참여자들이 서로 논쟁을 벌이기는 하지만, 대화를 주

도하는 자가 있어 대화의 내용까지 조종하게 된다. 마지막으로 대화적이고 개방적인 대화, 즉 좁은 의미에서의 '철학적 대화'가 있다. 이 대화는 개방적이고 대화적인 철학의 유형이며, 여기서 중요한 것은 동등한 대화참여자들이 세계를 이해하기 위해서 서로 견해를 나누는 것이다.

이 지점에서 '철학적 실천'과 '어린이와 함께 철학하기'가 맞닿는 부분이 새롭게 분명해진다. 철학적 실천과 어린이와 함께 철학하기는 기본적인 태도를 공유하는 것이다. 그래서 우리는 '어린이와 함께 실천적으로 철학하기'라는 표현을 사용할 수 있다. 철학적 실천은 대화에 참여하는 상대자를 미성숙한 사람의 입장에 처하게 할 어떤 전략도 거부한다. 철학적 실천은 개방적인 태도로 이루어지고, 말해진 모든 것들 뒤에는 일반적인 진리의 풀장이 있다는 가정을 포기한다. 수영을 배우기 위해 몸을 담그기만 하면 되는 그런 풀장 말이다. 철학적 실천의 일부분을 이루는 어린이와 함께 철학하기에서도 어린이가 수영을 배우다 익사할까 봐 지켜봐주는 소크라테스를 필요로 하지는 않는다.

실천하는 철학자와 어린이와 함께 하는 철학자는 아주 새로운 눈으로 대화의 상대자를 바라본다. 그들 앞에 앉아 있는 대상은 뭔가 배워야 할 학생이 아니다. 철학적 실천에서 중요한 것은 보편적인 인식의 전달이 아니다. 이미 정해진 질문들에 대해 이미 정해진 대답을 제시하는 모습을 보여주는 것, 이것은 철학적 실천일 수가 없다. 우선은 구체적이고 눈앞에 현실로 존재하는 사람이 중요하고, 그 사람이 자신과 세계에 대해 던지는 구체적이고 현실적인 질문이 중요하다. 실천하는 철학자와 어린이와 함께 하는 철학자는 대화상대자의 사고를 신뢰한다.

다시 한번 도표로 돌아가보자. 모든 도표가 그렇듯이 앞서 철학의 유형을 가른 도표 역시 어느 만큼은 일방적이고 단순화한 감이 있다. 현실에서는 도표가 제시하는 유형 그 자체를 접하기 어렵겠지만, 그래도 위 도표는 각각의 유형의 차이를 분명히 보여준다. 교리를 하달하는 것 같은 강연이 만일 최소한 소크라테스의 대화 같은 요소조차 품고 있지 않다면, 아마 청중의 관심과 주의를 끌기는 어려울 것이다. 또 학자들 간의 대화도 발언하는 길이에 따라서 쉽사리 강연의 상황으로 변질될 수 있을 것이다. 또 철학을 전공한 학자들 간의 대화가 꼭 철학적인 대화일 수밖에 없는 것은 아니다. 그리고 마지막으로 철학적 대화와 소크라테스적 대화의 경계도 유동적이다. 하지만 오직 개방적인 철학적 대화를 통해 진리는 "거듭 새로이 발견될 기회"[110]를 갖게 된다.

이제까지 말한 것을 종합해보면, 좁은 의미에서의 '철학적 대화'

는 어린이와 함께 철학하는 데 가장 이상적인 방식이다. 실제적인 적용의 과정에서는 철학적 대화는 다른 유형의 요소들을 포함하기가 쉽고, 또 그래야 할 것이다. 우리는 어린이와 함께 철학을 하면서 교리적인 방식, 소크라테스적인 방식, 학자들의 방식을 혼합하게 될 것이다. 구체적인 대화상황에 따라 혼합된 양상도 상이하게 평가될 수 있다. 하지만 분명한 것은, 어린이와 함께 철학을 할 때는 교리하달적 자세나 전문학자들의 대화와 같은 요소는 분명한 목표를 갖고서 매우 아껴 사용해야 한다는 것이다.

'자유로운 철학적 대화'의 위치를 보여주는 위 도표는 앞서 인정했듯이 상당히 거칠다고 할 수 있다. 하지만 그럼에도 우리는 이 책의 2부에서 이 도표를, 다양한 대화의 상황들 속에서 그 유형적 특성이 어떻게 전개되는지를 보기 위해 다시 언급할 것이다.

2부
어린이는
어떻게 철학을 하게 되는가?

...

철학은 대화로서 이루어진다. 철학은 자기 자신과의 대화, 타인과의 대화를 통해서 이루어진다. 어린이와 함께 철학하기란 어린이들과 대화를 하는 것이고, 이것은 넓은 의미의 철학적 대화가 될 것이다. 이런 대화는 호기심으로 충만하고 상호존중하는 가운데 활발한 질문이 던져진다. 이러한 대화에 임하는 데는 용기가 필요하다. 왜냐하면 열린 대화가 이루어지려면 항상 자신의 견해와 그동안 편안하게 지녀온 편견을 스스로 비판적으로 되돌아보아야 하기 때문이다. 철학적 대화에 참여한 사람이 뜻밖의 놀람을 체험하는 것은 이상한 일이 아니다.

그런데 철학적 대화는 어떻게 성립되는 걸까? 철학적 대화는 어린이들의 거리낌 없는 질문과 표현에 호응함으로써 자연스럽게 이루어질 수 있다. 어떤 글을 소리 내어 읽어주거나 이야기를 들려줌으로써 좀더 의도적으로 철학적 대화에 시동을 걸 수도 있다. 어떻게 어린이들이 모인 그룹 안에서 이런 일들이 저절로 이루어질 수 있는지 다음에 대화기록 사례를 제시했다. 그다음으로 우리는 철학적 대화가 단순히 대화로만 끝나지 않음을 보이려고 한다. 우

...

리가 개발한 '필로소피컬'을 통해 철학에서 개념적-추상적인 것과 유희적-오락적인 것이 결합될 수 있는지를 보일 것이다. 필로소피컬을 통해서 어린이와 함께 철학하기를 제 궤도에 올려놓을 수 있을 것이다.

그다음에는 철학과 실천을 통해서만 전체가 될 수 있는 철학적 실천에 관한 설명과 예들을 제시할 것이다. 어린이들이 지닌 풍부함과 기발함, 몰입하는 능력을 통해 어른들이 얻는 것이 있음을 우리는 매튜스를 통해서 살펴보았다. 어린이와 함께 철학하며 어른들은 말할 수 없이 독특한 체험을 한다. 철학적 실천은 그 체험자를 변화시키는데, 어린이와 함께 철학하기는 어른들 역시 그 안에 몰입하면서 이루어진다.

그런데 우리는 우선 어른들이 종종 어린이의 생각에서 지나치게 많은 철학을 읽어내려고 하는 문제점부터 다루어보려고 한다. 어른들은 우선은 다소 뒤로 물러선 자세로 대화에 임해야 할 것이다.

원칙적으로 철학적 대화의 실마리를 찾기는 어렵지 않다. 소크라테스의 대화를 한번 더 상기해보자. 구체적인 일상에서 철학은 솟아난다. 넬손은 "구체적인 예에서 일반적인 철학적 명제를 끌어내는 방법"으로 "소크라테스 방법론"을 개발했다. 원칙적으로 모든 물음들은 적절한 대응질문을 통해서 어느 정도는 철학적 질문으로 환원될 수 있다. 그러면 어느새 철학적 대화가 전개되고 우리는 그 와중에 있는 자신을 발견하게 된다.

하지만 모든 질문이 철학적인 의미로 말해진 것은 아니다. 철학적 질문을 억압할 때와 마찬가지로 질문들에 지나치게 철학적인 의미를 끌어다붙이면 어린이를 틀 안에 가두게 된다. 어린이들은 얼핏 듣기엔 순진할 뿐인 질문들을 던진다. 그런데 어린이와 함께 철학을 하려면 그 질문들이 언제 철학적인 물음을 건드리는 것인지를 감지해야 한다. 어린이와 함께 철학을 하려면 어린이가 던지는 질문들에 적절히 반응하기 위해서 정신적으로 민감해질 필요가 있다. 이 말은 어린이들에게 질문을 하라고 압박해서는 안 된다는 뜻도 포함한다. 이런 맥락에서 우리는 걱정이 생긴 어느 아버지가 보낸 편지의 일부분을 소개하고자 한다. 편지의 이해를 돕기 위해 미리 소개하자면, 이 이야기에 등장하는 가족은 아빠와 엄마, 딸 에바(8살)와 아들 막스(생후 8개월)이다.

도와줘요, 우리 아이는 철학을 안 해요!

(…) 어린이도 철학을 한다는데, 제가 그다지 뛰어난 관찰자가 아니거나, 아니면 아이들과 철학은 원래 거리가 먼 게 아닌가 싶군요. (…) 어쩌면 아이들은 부모가 시키거나 종교적인 이야기를 읽을 때처럼 정신적인 부담을 느껴야만 철학을 하는지도 모르죠. (…) 에바는 성서 이야기를 읽어주어도 별로 질문을 하지 않더군요. 전 어렸을 때 똑같은 이야기를 듣고서 많은 질문을 했는데 말이죠. (…) 지금부터 약 1년쯤 전에 전 에바에게 요슈타인 가아더의 《거기 누구 있어요?》를 읽어주었습니다. 에바에게 딱 맞는 이야기라고 생각했죠. 그 이야기 속에도 8살짜리 아이가 나오니까요. 이 남자아이는 부모가 산부인과에 간 동안 혼자 밤을 보내며, 신과 세계에 대해서 이런저런 생각을 하더군요. 그리고 그 이야기를 듣고 있던 에바도 흥이 나서 같이 종알거렸습니다.

　하지만, 이런 예를 하나 들어볼까요. 바로 어제의 일이죠. 에바는 부엌 바닥에 앉아 있었고, 막스는 에바가 쭉 뻗은 다리 위로 기어올라가려고 했습니다. 에바의 무릎에 기어올라간 막스는 몇 센티미터도 안 되는 높이인데도 굴러떨어져 바닥에 머리를 찧었습니다.

아기들은 머리가 무겁고 팔은 뜻대로 바닥을 짚고 버티기에 턱없이 기운이 모자라지요. 막스는 울부짖고 또 울부짖었고, 에바도 울음을 터뜨리더군요. 울면서 자기 방으로 들어가 뭐라고 했는지 아시겠어요? "내 잘못이야, 내 잘못."이라는 말을 반복하더군요. 아이 엄마가 우선 막스의 이마에 얼음 주머니를 대주며 달랬고 저는 에바를 진정시켜주러 갔습니다. 그날 저녁이 됐을 때 저는 에바에게 이렇게 물었습니다. "막스가 바닥에 굴러떨어졌을 때 왜 네가 잘못이라고 그랬니?" 제가 에바에게 하지 않은 말은 이런 것이었습니다. "만일 네가 동생이 굴러떨어지는 순간에 동생을 구할 기회가 있었는데 모른 척하고 일부러 동생이 떨어지는 걸 구경했다면, 그런 경우에는 네가 스스로 탓하는 게 옳은 일인 것이다. 나쁜 일을 했다는 생각에 대한 반응으로 스스로를 탓하는 것이니 당연한 일이었을 것이다." 이렇게 복잡한 설명을 아이에게 하지는 않았습니다. 더군다나 에바는 저의 물음에 아주 간단하게 이렇게 대답했습니다. "만일 내가 거기 앉지 않았으면 (에바가 앉아 있던 부분만 양탄자가 깔려 있지 않았지요.) 막스는 그렇게 세게 부딪치지 않았을 거야." 저는 에바가 생각하는 자기의 잘못을 인정해주었습니다. 그러면 앞으로는 위험의 소지가 있을 때 아이는 더 조심할 거라고 생각했고, 그것으로 충분했습니다. (⋯)

- 철학이 아쉬운 일요일에, H로부터.

이 편지에서 아버지의 미심쩍어하는 분위기를 감지할 수 있다. 물론 딸 에바가 어쩌다 철학에 관심을 갖고 "조잘대기도" 한다고 말하지만 말이다. (왜 철학한다고 하지 않고, 조잘댄다고 했을까?) 어쨌든 이 아버지는 아이들이 철학적인 생각을 하려면 어른들이 계기를 만들어줘야 한다고 생각한다. 그런데 그 계기란 것이 아이들의 머릿속에 좀 '황당한 생각'을 집어넣는 것이 아닌가 싶은 것이다. 우리가 보기에 이 글에서 드러나는 아버지의 마음은 "과연?" 하는 의심에 가깝다. 하지만 어린이와 함께 철학을 하려 할 때 이런 식으로 '의심'하는 마음은 항상 껴들게 마련이다. 리히텐베르크의 말을 떠올려보라. "철학이란 것 때문에 사유를 하지 못하게 되는 일이 과연 드물 거라고 생각하는가?"[III]

리히텐베르크는 '질문의 문화'를 통한 교육학을 수호하는 대표적인 인물이라고 할 수 있다. 바로 그러한 인물의 말이기에 더욱 의미심장하다. 리히텐베르크의 말을 되새겨보자. 우리가 체험을 통해 아는 바는, 과연 지금이 철학을 할 때인가를 세 번쯤 다른 시각으로 검토해보아야 한다는 것이다.

1. 개인적 차이를 고려해야 한다.

개인적인 차이를 고려해야 한다. 어린이들은 저마다 다르다. 이런 말은 진부하지만, 정말 중요하다. 철학적인 물음에 대해 즉각적이고 즉흥적인 관심을 보이는 아이가 있는가 하면, 천천히 끈덕지게 관심을 보이는 아이도 있다. 어린이와 함께 철학하기는 어떤 도식적인 과정을 그대로 밟는 게 아니다. 대화상대자에게 어떤 도식을 그대로 덮어 씌우려고 들면 곤란하다.

2. 표현은 상황의 맥락을 고려해서 이해해야 한다.

어린이가 하는 질문과 표현은 고립시키지 말고 그 질문과 표현이 나온 상황의 맥락에서 이해해야 한다. 어린이들이 어떤 말을 하는 이유는 꼭 대답을 듣고자 하는 게 아닐 때가 있다. 어린이들은 때때로 계속해서 관심을 끌거나 안심시키는 목소리를 듣고 싶어서 질문을 던지기도 하는 것이다. 만일 그렇다면, 이때는 철학적 대화를 할 시간이 아니다. 철학적 대화는 언제나 이해하고 인식하려는 진지하고 솔직한 노력의 시간이다. 그런 목적이 주된 동기를 일으킬 때만 철학적 대화가 가능한 것이다. 물론 진지한 동기는 어린이와 어른 모두가 갖고 있어야 한다. 어린이에게 너무 잘 준비된 대답을 선뜻 내놓아 계속적인 열린 대화의 여지가 사라지면 안 된다. 신과 죽음 혹은 어떤 철학적 주제에 대해 질문을 던져라. 그리고 자신의 의견이 아닌 것은 내세워 이야기하지 마라. 자신도 잘 모를 때는 그 사실을 솔직히 말하기를 꺼리지 마라.

3. 어떤 질문이든 주의를 기울여 만나라.

지나치게 일찍 분류하고 범주와 개념을 부여하지 마라. 어린이들은 질문을 던질 때 어떤 서열을 두지 않는다. 어린이들이 질문을 던지면, 그 질문은 중요한 것이다. 어린이의 질문을 중요한 것과 덜 중요한 것으로 나누어 정해진 중요도의 코르셋에 억지로 넣으면 안 된다. 우선은 어린이들이 던지는 모든 질문에 동일한 관심을 선사하라. 반드시 죽음, 신, 천국 따위의 개념들이 등장해야만 철학적인 질문이 되는 것이 아니다. 다만 어른들이 그런 개념들에 우선적으로 반응을 보일 뿐이다.

'어린이와 함께 철학하기'는 일사천리로 진행시키기만 하면 되는 프로그램이 아니다. 매 상황마다 올바른 방향인가를 거듭 반성해야 한다.

대화상대자나 대화상황에 집중하지 않으면 아무리 중요한 내용의 질문이 던져졌더라도 그것이 진정으로 철학하는 행위로 연결되기는 어려울 것이다. "왜 자동문 앞에 서면 문이 열리죠?", "왜 기차는 그렇게 느리게 달려요?" 등 이런 질문들은 사실 대답하기 어렵지 않다. 그런데 어렵고 중요한 일은 가능한 한 "어린이에게 맞도록" 대답하는 것이다. 또 예를 들어보자. 한 어린이가 월식에 대해서 질문을 했다고 치자. 당신은 곰곰이 답을 생각할 것이다. 대학생들에게 대답하게 했을 때 나온 결과는, 보름달일 때보다는 반달일 때 월식이 일어난다는 의견이 과반수가 넘었다. 하지만 정답은 "월식은 보름달일 때만 일어난다."이다. 달이 보름달일 때만 태양과 지구 그리고 달이 일직선상에 놓여, 지구의 그림자가 달을 어둡게 하기 때문이다.[112]

독자 여러분께서는 맞는 답을 알고 계셨는지? 아셨을 수도, 모르셨을 수도 있다. 그런데 이건 사소한 문제에 불과할까? 어쨌든 어린이와 함께 답을 찾아보는 게 좋다. 어디서 어떻게 답을 찾는지를 어린이들에게 가르쳐주면 좋다. 설령 당신이 그 방면에 박식한 전문가라고 할지라도 말이다. 모든지 다 아는 것 같은 어른은 어린이에게 탐구의 기쁨을 알게 하기보다는 어린이를 압도하게 된다. 미국의 철학자 로날드 리드는 리프먼의 제자인데, 이 문제에 대해 이렇게 썼다.

어린이에게 당신이 '만물박사'처럼 되어서는 곤란하다. 물론 당신이나 내가 중요한 사실들을 많이 알고 있다는 건 사실이다. 또 아이들이 뭔가를 물어오면 대답을 해주어야 할 것이다. 그런데 어떤 대답을 어떻게 해주느냐는 그렇게 간단한 문제가 아니다. 종종 우리는 대답을 해줌으로써 대화를 끝내버리고 아이들이 더 이상 생각하지도 않게 만들어버린다.[113]

그렇다고 해서 어린이에게 일부러 뭘 모르는 척할 필요는 없다. "거북이는 달팽이보다 빠르다." 둘 다 느린 것은 틀림없지만 이것은 책을 찾아봐야만 할 문제는 아니다. 또 "예(Beispiel)를 든다는 것은 공놀이(Ballspiel)를 하는 것과는 다르다."* 그건 분명하다. "비행기가 공중에서 브레이크를 밟고 딱 설 수는 없다."는 것도 마찬가지이다. 이런 예들은 얼마든지 더 들 수 있을 것이다. 그러니 부모들은 안 그래도 일상의 스트레스에 치여서 사는데, 더 스트레스를 받게 되고, 그러다 보면 아이가 뭔가를 질문해도 건성으로 들어넘기기 쉬운 것이다.

그런데 위에서 두 번째 질문, 예를 들기도 놀이의 일종이냐는 질문은 어린이가 던진 질문이 아니다. 적어도 우리는 그 질문을 어떤

---

* 두 단어는 바이슈필과 발슈필로 발음이 비슷하고, 둘 다 원래 놀이라는 뜻의 '슈필'을 포함하고 있다. —역자 주

어린이에게서도 들은 적은 없다. 그 질문은 20세기의 철학자 루드비히 비트겐슈타인에게서 빌려왔다. 이미 앞에서도 우리는 몇 번이나 비트겐슈타인을 언급했다. 그런데 비트겐슈타인에게는 바이슈필(예)과 발슈필(공놀이)이 전혀 무관하다는 것은 전혀 당연한 사실이 아니었다. 두 단어가 모두 슈필[놀이(Spiel)]로 끝나는데, 우리는 그 둘의 차이를 어떻게 아는가? 예를 들기가 공놀이와 비슷한 것보다는 장기게임(Schachspiel)이 공놀이(Ballspiel)와 훨씬 더 비슷하다고 할 수는 있나? 이렇게 철학적 질문들로 넘어서는 경계는 유동적이다.

▎치즈 문제 (일상 속에 숨겨진 철학) ▎

모든 질문이 철학적인 것은 아니다. 그렇다면 철학적인 질문은 어떻게 감지할 수 있을까?

- 철학적 질문은 '거리를 취하는 사고'라는 특징이 있다. 철학적 문제와 질문은 하나의 개별적인 경우에 관계되지 않고, 원칙적으로 모든 인간에게 중요하거나 중요할 수 있는 것이다.

- 철학적 질문은 '근원적인 주제'를 다루기 때문에 개별적인 분과 학문으로는 충분히 대답할 수 없다. 철학적 질문은 다양한 관점에서 접근될 수 있다는 특징이 있다.[114]

- 철학적 실천의 관점에서 철학의 세 번째 특징을 말할 수 있는데, 즉 철학적 질문을 다루는 과정에서 일상적 사고와 행동에 대한 새로운 시각을 획득하게 된다는 것이다. 이런 과정을 우리는 '자기 확장'이라는 개념으로 말할 수 있다.

이 세 가지 기준은 일상에서 '철학적인 상황'을 감지하는 데 도움이 되어줄 것이다. 이제 우리는 임의로 선정한 질문들을 통해 그 안에 잠재된 철학성을 가늠해보려고 한다. 이 예들을 제시하는 이유는, 이와 비슷한 상황들에 대한 감수성을 날카롭게 하기 위해서이다. 그다음에는, 이런 상황들을 어떻게 어린이에게 걸맞은 철학적 대화로 전개시킬 수 있을지를 살펴보기로 하자.

행복에 대한 질문

"이것은 무엇인가?" 이것은 전형적인 소크라테스식 질문이다. 어린이들도 이런 식의 질문을 매우 많이 던진다. 이런 질문은 사물의 뜻과 정의와 본질을 묻는다. 어린이와 어른이 모두 자주 하는 질문 중의 하나는 "행복은 무엇인가?"이다. 이 질문을 다룰 때 중요한 것은 그 의미의 다양성을 고려하는 것이다. 행복은 우선 개인이 스스로 뭔가를 하지 않아도 우연히 이루어지는 어떤 것을 뜻할 수 있다. 그런가 하면, 개인이 스스로 노력을 해야 얻어지는 내적인 상태를 뜻할 수도 있다. 독일어 단어 '행복(Glückseligkeit)'은 외적인 사건과 내적인 상태 모두를 포괄하는 말이다. 그런데 불분명한 것은 윤리적으로 살려고 애쓰는 사람도 행복할 수 있느냐는 것이다. 속담은 분명 그렇다고 말한다. 예를 들어 근면한 자의 행복을 말하는 속담이 있는데, 이때 행복은 수고롭게 일하여 정당하게 획득하는 어떤 것이다. 그런가 하면 "가장 멍청한 농부가 가장 굵은 감자를 거둔다."는 속담도 있다. 이런 식으로 대화의 소재는 끝이 없다. 그것도 어린이와 어른이 함께 나눌 수 있는 그런 소재 말이다. 그리고 '철학카페'를 운영한 경험으로 보면, 어른과 어린이의 생각이 서로 크게 다르지도 않고, 또 우리가 행복하기 위해 굉장히 많은 게 필요한 건 아니라는 것도 알게 된다. 어쨌든, 모든 인간에게 중요하고 또 모든 인간이 관심을 갖는 질문 가운데 하나가 이것이다. "행복이란 무엇인가?" 그래서 고대로부터 철학자들이 행복에 대한 질문을 탐구한 것도 놀라운 일이 아니다. 게다가 몇 년 전서부터는 매우 빈번히 행복에 관한 철학적 논의가 이루어지고 있다. 그건 어쩌면 우리가 사는 시대가 헤도니즘의 시대, 즉 행복에 대한 추구가 무엇보다 우선하는 시대이기 때문일 것이다. 사정이 이러하니 행복을 추구한다는 게 무슨 뜻인지를 생각해보는 것은 더욱 뜻깊은 일이 아닐 수 없다.

우정에 대한 질문

철학이 처음 시작되었을 때부터 던져진 질문 가운데 하나는, 바로 우정을 묻는 것이었다. 그리스의 철학자이자 수학자였던 피타고라스(피타고라스의 정리, 기억하시죠?)는 우정을 매우 중요하게 생각했다. 전래된 문헌에 따르면 피타고라스를 둘러싼 결사 공동체가 있었다고 한다. 프리드리히 쉴러는 〈보증〉이라는 시에서 디오니스에서 던지는 유명한 어구로 저 피타고라스의 우정의 결사를 환기시키기도 하였다. "나는, 청컨대, 그대들의 결사에 대해서는 제3자일 것이오." 이처럼 역사가 오랜 주제인 우정에 대해 5살짜리 여자아이 마리는 놀라운 질문을 던졌다. "어른들도 친구가 있어요?" 이 말을 듣고 생각에 잠기지 않을 수 없었다. 이 질문은 보기보다 어려운 문제를 담고 있다. 생각해보니 내게 친구들이 있긴 했지만, 어렸을 때보다는 적었다. 날 놀라게 한 건 마리가 왜 그런 질문을 생각했느냐는 거였다. 마리는 어른들이 우정을 갖기 어렵게 만드는 뭔가를 관찰하기라도 했던 걸까? 가장 좋은 방법은 우선 마리에게 뭔가를 되물어보는 일일 것이다. 그러면 어른도 시간을 벌 수 있다. 마리와 나 사이에는 매우 활기찬 대화가 이어졌다—마리의 여자친구가 집으로 놀러왔을 때까지. 날씨는 화창했고 집 뒤의 정원은 아이들의 정복을 기다리고 있었다. 더 이상은 철학을 위한 시간이 아니었다.

거짓말에 대한 질문

철학적 대화로 이어질 수 있는 다른 질문의 예도 있다. 8살 된 팀은 화가 난 어조로 이렇게 물었다. "왜 내 거짓말은 하나도 안 통해?" 팀은 전에 거짓말을 하다가 들켰고, 변명을 꾸며냈지만, 별 도움이 안 되었다. 흥미로운 사실은 팀이 물은 것이 거짓말을 "해도 될까?", "안 될까?"가 아니었다는 것이다. 아이들은 팀의 나이쯤 되면 해도 되는 거짓말과 안 되는 거짓말을 분간하기는 한다. 이에 관해서는 뒷장에서 다시 다루려고 한다. 어쨌든 팀은 거짓말을 뭔가를 성취하는 기술의 일종으로 이해하고 있었다. 이런 관점은 즉각 근대의 정치철학, 특히 마키아벨리를 떠올리게 한다. 하지만 모랄을 도외시한 관점에서 거짓말을 바라볼 때 그 한계는 쉽게 분명해진다. "속은 사람이 자기가 속은 걸 알면 어떨까?" 거짓말의 문제는 결국 윤리학의 영역으로 되돌아가게 된다.

무한성에 대한 질문

또 다른 예를 살펴보기로 하자. "무한한 게 뭐야?" 데빈은 6살인데 하늘을 바라보다가 이렇게 물었다. 이 질문에서 거리가 멀지 않은, 데빈의 다음 질문은 "세상 끝은 어디야?"였다. 이런 상황에서 갑자기 무한성에 관한 질문을 받는 일은 놀랍기도 하다. 사실 슈퍼마켓에서도 이런 질문을 받을 수 있다. 철학적 대화에서 우리는 수시로 어떤 신선한 놀라움을 체험하게 된다. '치즈 문제'에서 이런 면을 다시 보이게 될 것이다.

앞서 우리는 이미 인간이 철학을 하게 된 것은 거창한 철학적 문제나 철학사의 답변들 때문이 아니고, 바로 어떤 경이로움을 느끼기 때문이라고 밝혔다. 그래서 슈퍼마켓에서 치즈를 보는 순간, 자기 자신과 세계의 본질을 깨닫고 놀랄 수도 있다. 정렬된 치즈를 보고 마치 섬광처럼 현실의 질서정연함에 놀라면서 에른스트 블로흐의 말처럼 어둠의 순간이 밝혀지는 체험을 할 수도 있는 것이다. 이제 우리는 경이로움을 체험하기 전과는 달리 비로소 투명해진, 혹은 의심스러워진 세계 앞에 서 있다. 투명성과 의심스러움은 둘 다 동등하게 철학적 사고를 이루는 부분들이다. 세상이 달라져 보이는 순간이 있다. 그 순간 뒤에 나는 (나 자신에게도) 다른 사람이 된다.

'치즈 문제'로 인해서 세계와 자기 자신에 대한 시선이 그토록 달라질 수도 있는 것이다.

코니는 5살 때 엄마와 함께 장을 보러 갔다가 포장된 치즈를 보게 되었다. 아이가 본 까망베르치즈는 (요즘도 볼 수 있는 것인데) 그림동화에 나오는 '빨간 두건(빨간 모자) 소녀'의 모양으로 포장되어 있었다. '빨간 두건 소녀'의 팔에는 바구니가 하나 고정되어 있고, 바구니 속에는 치즈 한 곽이 들어 있었으며, 그 곽의 곁에는 다시 '빨간 두건 소녀'가 인쇄되어 있었는데, 인쇄된 '빨간 두건 소녀'의 팔에는 다시 바구니가 하나 그려진 게 보였고, 그 바구니 속에는 다시 까망베르치즈 한 곽이 있었고, 그 곽의 곁에는 다시 '빨간 두건 소녀'가 인쇄되어 있었다. 그리고 그 '빨간 두건 소녀'의 팔에는…[115] "무한대가 저렇게 생겼구나." 코니에게 무한대란 끝을 알 수 없는 걸 뜻했다. 코니는 어른이 되어서도 어린 시절의 발견이 자랑스러웠고, 그 발견은 그녀를 독립적이고 개성적으로 만들었다. 하지만 그뿐만이 아니다. 코니는 어른이 되어서 어린이들에게 그녀가 한 철학적 체험을 이야기해줄 수가 있다. 그녀는 어린이들에게 철학적 체험이 자연스레 흘러들도록 이야기할 수 있는 것이다.

'치즈 문제'는, 이 질문이 연이어 떠올리게 하는 다음의 질문들을 살펴볼 때, 철학적으로 진지한 의미가 있다는 것을 의심할 나위가 없다.

- 만일 내가 그 끝을 알 수 없다면, 어떻게 무한을 무한이라고 알 수 있을까?
- 무한에도 여러 종류가 있고, 절대적인 무한은 그 한 가지일까?
- 세상은 무한한가?
- 무한하다는 것은 단지 헤아릴 수 없다는 뜻일까?

- 무한한 것은 언제나 더 커다란 것이란 뜻일까?

- 내가 무한하지 않다면, 나는 무한하다는 걸 어떻게 상상할 수 있게 된 걸까?

과연 치즈곽 속에 전 세계가 담겼다고 볼 수는 없을까? 이 책의 겉표지에 나오는 소년을 한번 보고 오기를 바란다. 소년은 뭘 보고 있을까?

"소중한 건 남에게 팔지 않는다." (철학을 시작하기)

지금까지 철학적 질문들에 관해서 살펴보았다. 이제 우리는 철학적 대화의 진행에 관해 생각해보기로 하자. 그러기 위해서는 '어린이와 함께 철학을 실천하기'라는 관념도 내려놓아야 한다. 어린이와의 철학적 대화는 미리 계획을 세우고 그대로 할 수 있는 어떤 것이 아니다. 계획할 수 없다는 바로 그 이유로 이런 대화를 좀 망설이게 될 수도 있다. 이런 대화를 종종 꺼리는 또 다른 이유는 자신이 철학사에 나오는 다양한 사고경향에 대해 잘 모른다고 생각하기 때문이다. 이런 이유들로 어려움을 겪는 사람들에게는 다음과 같이 조언하고 싶다.

- 어린이와 함께 하는 철학은 정교한 대화의 계획을 따르는 게 아니기 때문에 특히 열린 성격을 띤다. 철학적 대화는 즉시 측정하기 어려운 면을 띨 때 성과를 얻게 된다.

- 다음, 철학적 주제들은 모든 인간에게 의미가 깊거나 깊을 수 있는, 기본적인 것들이다. 철학적 주제는 누구에게나 관련이 있는 것들이다. 그래서 철학은 건전한 인간의 이해력을 요구한다. 앞장

에서 제시한 예들을 상기해보기 바란다.

이제 쾰른의 한 초등학교에서 실제로 두 대화그룹에서 철학적 대화를 나눈 기록을 살펴보기로 하자. 내용상으로는 두 사람이 대화를 나눈 대화나 여러 명이 그룹을 지어 나눈 대화나 전혀 차이가 없다. 다만 그룹의 대화가 내용상 스펙트럼이 더 넓어보일지는 모르겠다. 하지만 두 사람이 나눈 대화나 소그룹에서 이루어진 대화는 좀더 집중적인 논의로 이어질 수 있었다.

우리는 앞서 일상적 상황에서 아무런 부담 없이 이루어진 대화의 예를 들었는데, 아래의 철학적 대화는 두 가지 상이한 방식을 사용하여 좀더 목표지향적으로 진행된 것이다.

첫 번째 방법 : 대화하는 가운데 주제를 발전시킨다

우리는 학급의 선생님과 의논하여 7살에서 9살까지의 어린이 약 25명에게 한 어른이 이야기를 나누고 싶어 한다고 알려두었다. 어린이들은 무슨 이야기를 나누게 될 것인지에 대해서는 전혀 모르도록 했다. 그 이유는 실제로 미리 정해진 주제가 아무것도 없었기 때문이었다.

첫 번째 대화는 자유로운 분위기에서 대화를 나누는 가운데 자유롭게 주제가 정해져야 했다. 긴 설명을 붙이지는 않은, 아래의 대화기록을 읽어보자.

장소 : 퀼른에 소재한 한 카톨릭 계통의 초등학교
일시 : 2001년 3월 27일, 10시 45분 ~ 11시 30분

10시 45분이 되었다. 어린 학생들이 모여 자리에 앉고 편안한 분위기가 되었을 때 선생님이 나를 소개하며 이름과 내가 찾아간 목적을 밝혔다. 이윽고 우리는 둥근 원 모양으로 마주 보고 앉게 되었다. 앞으로 두드러져 나온 의자배열은 없도록 했다.

그리고 서로를 알기 위해서 우선 자기소개를 해보자고 했다. 저마다 자기 이름과 나이, 형제자매가 몇 명인지를 이야기했다.

나이를 말하게 된 상황에 착안해서 나는 "몇 살이면 다 큰 어른이라고 할 수 있을까?" 또 "어른이라는 건 어떻게 알 수 있을까?"라는 질문을 했다.

아이들은 하나같이 마흔 살이면 "다 큰 어른"이라고 할 수 있다고 했다. 그렇지만 아이들이 왜 마흔 살을 다 큰 어른의 나이로 생각하는지, 또 부모들의 나이가 대부분 마흔 이전이라는 사실 등에 대해선 이야기를 나누지 않았다.

난 자리에 앉은 채로 이렇게 물어보았다. "여러분, 그럼 아저씨는

다 큰 어른일까, 아닐까?"

"아니에요!" 아이들은 마치 약속이라도 한 듯 소리쳐 대답했다.

이번에는 내가 자리에서 일어서, "아저씨가 지금은 다 컸어, 안 컸어?" 하고 물었다.

그러자 아이들은 "이제 다 컸어요!"라고 대답했다.

"그런데 아저씨는 아직 마흔 살이 안 됐어. 그러면 어떻게 되지?"

그러자 아이들은 "나이는 상관없어요!"라고 대답했다.

여기서 알 수 있는 것은, 아이들은 "다 큰 나이"가 어떤 건지 말을 할 수가 없자, 자신들이 키가 작다는 사실에서 "다 큰 어른"을 판정하는 기준을 만들어냈다는 것이다.

나의 첫 번째 질문에서는 주로 신체적인 특징이 주제가 되었다.

"내가 다 크면, 난 담 너머를 볼 수 있을 거예요."

"내가 다 크면, 난 지금보다 커요."

"근데요, 내 동생은 나보다 어린데, 나보다 키가 커요."

"시간이 지나면, 난 커다래질 거예요."

이제 내가 질문을 던졌다. "시간이 지나간다는 건 어떻게 알 수 있지?"

한 아이가 대답했다. "집을 지을 때요. 다 짓고 나면, 시간이 지나간 거예요."

내가 다시 물었다. "집을 계속 짓기만 하고 끝이 안 나면 어쩌지?"

아이들이 대답했다. "그런 일은 없어요."

나는 다른 질문을 던졌다. "아이들 몸은 더 크지 않아도 이미 완전한 거야. 팔도 다리도 머리도 다 있으니까. 내 말이 맞니?"

아이들의 대답은 이번에도 분명했다. "네. 아이들 몸은 완전해요!"

다시 내가 질문했다. "그럼 말이야. 아이들 몸은 완전한데, 왜 더 자라는 걸까? 사람은 어떻게 해서 자라게 될까?"

이 질문에는 한 아이도 대답을 하지 못했다. 답을 찾기가 너무 어려운 게 아니라, 무슨 질문인지 이해되지 않은 것이다.

대화의 후반부에서는 "어른 되기"의 여러 가지 면이 소재가 되었는데, 아이들은 주로 어떤 행동을 하지 못하게 되는 경우들을 이야기했다.

아이들은 "너무 어려서 하면 안 되는 일들이 많다."는 이야기를 다양하게 표현했다. 예를 들면 슈퍼마켓에서 "내가 병을 들고 있다가 떨어뜨릴까 봐 사람들은 겁을 내요."라고 한 아이가 말했다.

내가 질문했다. "그리고 또 어떤 일을 못하게 하지?"

한 아이가 대답했다. "거짓말 하면 안 된다고 해요."

이 대답에 여러 아이들이 동감을 나타냈다. 나는 "거짓말을 하는 건 언제나 나쁠까? 아니면 예외적으로 거짓말해도 되는 때가 있을까?"라고 질문했다. 그러자 모든 아이들이, 거짓말을 할 수밖에 없을 때도 있다고 대답했다.

내가 질문했다. "할 수밖에 없는 거짓말이 뭘까?"

아이들이 대답했다. "누가 무섭게 하면, 난 거짓말을 해야 해요.", "누가 내 돈을 빼앗으려고 물어보면, 거짓말을 해도 돼요.", "학교에서 기분 나쁜 일을 피하고 싶을 때는, 거짓말을 조금 해도 돼요."

내 질문에 가장 자세히 대답한 것은 8살 된 소녀였다. "우리 엄마는 이혼해서요, 지금 남자친구가 있어요. 난 그 아저씨를 참 좋아해서 아빠라고 불러요. 그런데 진짜 아빠가 이걸 알고는, 남에게는 아빠라고 부르지 말라고 하세요. 아빠는 아빠한테만 아빠라고 부르라고 하세요. 그래도 난 아빠하고 아저씨에게 다 아빠라고 불러요. 그리고 아빠가 내게 물어보시면, 난 거짓말을 해요."

내가 그 아이에게 질문했다. "왜 거짓말을 하니?"

그 아이가 대답했다. "그래야 내가 편하니까요!!!"

(중략)

어린이들은 매우 흥미로워하면서 대화에 참여했다. 대화하는 가운데 두드러지게 나서거나 이끄는 사람은 아무도 없었다. 물론 말을 하지 않고 듣기만 한 아이들도 있었지만, 대화에 관심이 없는 것은 아니었다.

의식적으로 철학적인 대화를 하는 분위기를 조성하자, 대개 아이들과 이야기하다 보면 나타나는 현상, 즉 동시다발적으로 묻고 말하다 말들이 뒤엉키는 일은 일어나지 않았다. 대화의 목표를 정하고 내용을 제한하지 않았기 때문에 아이들이 하는 말은 여러 방향으로 흩어진 양상이었다. 이 대화에서는 "어른이 된다는 건 무엇일까?"라는 질문에 대해 아이들이 다양하게 각자의 대답들을 내놓았다. 처음 이 주제를 이야기할 때는 주로 인간의 신체적이고 외적인 특징을 통해서 "어른"을 이해하려고 했다. 그러다가 점차로 행동방식의 차원에서 어른을 이해하는 쪽으로 이행되었다. 그러다가 "어린이에게 금지된 것"을 주제로 이야기하게 되었다. 어린이들에게 이 주제는 자기 자신에 대한 이해와 맞물린 것일 수밖에 없었다. 이때 어린이들이 보여준 접근방식은 철학사의 한 유명한 정의의 시도를 연상시켰다.

플라톤이 인간을 털 없는 두 발 짐승이라고 정의해서 박수를 받자 그(시노페의, 통 속의 디오게네스)는 수탉의 털을 뽑아 플라톤의 아카데미에 가져가 내려놓으며 이렇게 말했다고 한다. "이것이 플라톤의 인간이겠지요." 이런 일이 있은 후에 위 정의에는 "발톱이 넓적한"이라는 규정이 덧붙여졌다고 한다."[116]

이 일화에서 첫 번째 정의의 불충분함은 눈으로 보아 쉽게 드러난다. 그런데 정의를 보충하려는 시도도 여전히 신체적인 묘사에 머문다. 하지만 어린이들과의 그룹 대화의 기록을 보면, 정의와 묘사는 차원을 바꿔 윤리적 측면을 건드리기도 했다.

대화가 어떤 명확한 결론을 가시화한 것은 아니다. 하지만 전혀 실망할 이유는 없다. 철학적 대화는 종종 결론 없이 끝나지만, 중요한 것은 대화의 과정 그 자체이기 때문이다.

> 철학적 대화를 나눌 때는 모든 것에 신경을 써야 한다! 뜻밖의 것을 예상하고 있어야 한다! 솔직하고 망설임 없이 반응을 보이면서 질문들을 던져 대화의 상황을 허심탄회하고 흥미롭게 유지해야 한다. 이런 일을 가능하게 하려면, 어린이의 세계에 눈길을 주고 있어야 한다.

아이들은 또다시 아저씨 '철학자'가 방문하기를 원했고, 선생님도 어린 학생들에게서 그때까지 보지 못했던 면을 발견할 수 있었기 때문에, 첫 대화가 이루어진 다음 주에 한번 더 모임을 갖기로 했다. 두 번째 모임에서는 다른 방법을 사용해서 철학적 대화를 이루어보도록 했다.

두 번째 방법 : 하나의 텍스트를 이용해서 주제를 발전시킨다

두 번째 대화 모임에서 우리는 작은 텍스트 하나를 출발점으로 삼아보려고 했다. 우리는 우선 어린이가 좋아할 만한 철학적 질문을 만들어보았다. 아테네인들은 매년 테세우스의 배를 델로스섬으로 보내 아폴론 신을 경배하는 축제를 벌였다. 그 연유는 테세우스의 배가 크레타를 향해 떠나 아폴론의 도움으로 미노타우루스의 미로에서 인질들을 구한 데 있었다. 그런데 수백 년 동안 매년 테세우스의 배를 사용하면서 목재가 썩은 부분을 조금씩 새로운 목재로 교체하다 보니, 이미 고대에도 하나의 물음이 제기된 바, "과연 그 배를 언제까지나 테세우스의 배라고 할 수 있을까?"라는 것이었다.

우리로서는 테세우스의 배 이야기는 이미 여러 번 들었고 많이 상상해본 소재이다. 하지만 아이들의 일상에 좀더 근접하기 위해서 우리는 테세우스의 배를 자전거로 바꿔보았다. 대화의 진행은 한마디로 말하기가 어려웠다. 어떤 아이들은 뭐가 문제인지 전혀 이해를 못했고, 그런가 하면 "무엇이 이 자전거를 언제나 같은 자전거이게 할까?"라는 질문에 조금씩 접근하는 모습을 보이기도 했다. 한 아이는 자전거 핸들에 이름표를 붙인다는 아이디어를 생각해냈다. 아이들도 사물의 동일성에 관해서는 이미 충분한 설명을 접할 수 있었으므로[117] 우리는 이번에는 다른 이야기를 선택했다. 우리는 좁은 의미에서의 철학 바깥의 영역에서 이야기를 가져오는 게 좋겠다고 생각했다. 철학적이고 종교적인 이야기들 말고도 적당한 텍스트들이 있다. 또 텍스트를 반드시 어린이용 동화책 근처에서만 찾을 필요도 없다. 적절한 텍스트를 찾는 과정 자체에서 우리는 전과는 전혀 다른 눈으로 텍스트를 보게 된다. 또 철학적 대화에 필요한 민감함을 키우는 훈련도 되기 때문에, 이 과정도 역시 어린이와 함께 철학하기의 일부분이라고 할 수 있다.

"하지만 보트 말이야!" 독이 흥분해서 투덜거렸다. "헨리는 벌써 7년 동안이나 그 보트에 매달려 있어. 밑창의 나무는 벌써 삭아버렸는데, 이제는 거기다 시멘트를 바르고 있잖아. 다 만들었다 싶으면 또 모양을 바꿔서 처음부터 다시 시작했어. 정신이 좀 돈 거 아니야? 7년 동안 보트 한 척에 매달려 있다니!" 독은 바닥에 주저앉아 장화를 벗었다. "헤이즐, 네가 이해를 못하는 거야." 그는 흥분한 독을 달래며 이렇게 말했다. "헨리는 보트를 사랑해. 하지만 바다는 무서워하지." 독이 다시 대꾸했다. "그럼 뭐하러 보트는 만드는 거냐고?" 그가 말했다. "헨리는 뭘 하려고 보트를 만드는 게 아니야. 그냥 사랑할 뿐이지. 만일 보트를 다 만들면 사람들이 뭐라고 하겠어? '자, 이제 물에 띄워 봐!' 헨리가 물에 보트를 띄우면, 그다음엔 바다로 나가야겠지. 그런데 뭐랬어. 헨리는 바다를 무서워한다잖아. 그래서 헨리는 보트를 완성시키지 않는 거야."[118]

우리는 바로 위의 텍스트를 사용했다. 이제 먼저와 같은 학교에서 같은 어린이 대화참가자들과 가진 두 번째 모임의 기록을 살펴보기로 하자.

아주 오래전이었어요. 아저씨는 책에서 이야기를 하나 읽었는데, 전부를 이해하기는 어려웠어요. 이제 여러분에게 바로 그 이야기를 읽어주려고 해요. 여러분들 생각을 듣고 싶으니까요. 아저씨가 이해 못한 걸 여러분이 말해줄 수도 있지 않겠어요?

독과 헨리라는 두 친구가 있었어요. 그런데 독이라는 친구가 누군가에게 헨리에 대해서 이야기를 하는 거예요. 헨리라는 친구는 아주 오랫동안 보트를 만들었대요. 하지만 오랜 시간이 걸려도 보트를 끝까지 완성시키지는 못했다네요. 들어보세요.

"그럼 뭐하러 보트는 만드는 거냐고?" 독은 소리쳤지요. 그러자 독의 이야기를 듣던 사람이 이렇게 말했어요.

"헨리는 뭘 하려고 보트를 만드는 게 아니야. 그냥 사랑할 뿐이지. 만일 보트를 다 만들면 사람들이 뭐라고 하겠어? '자, 이제 물에 띄워 봐!' 헨리가 물에 보트를 띄우면, 그다음엔 바다로 나가야겠지. 그런데 뭐랬어. 헨리는 바다를 무서워한다잖아. 그래서 헨리는 보트를 완성시키지 않는 거야."

아이들에게 보트를 물에 띄우는 일, 또 물을 무서워하는 사람 등에 대해 일반적인 몇 가지 사항을 설명해주고, 헨리의 행동에 대해서 한 번 더 요약을 해주었다. 아이들은 말을 하지는 않았지만 이 이야기가 "보트 한 척"에 관한 것임을 분명히 알게 되었다.

"헨리는 어쩌면 보트를 엉터리로 만드는지도 몰라요. 그냥 만드는 척만 하는 거예요."

"맞아요. 낮에는 다른 사람들 보라고 보트를 만들고, 밤에는 몰래 와서 만든 걸 다시 떼어내는 거죠."

"헨리는 보트를 사랑해요. 소중한 건 남에게 팔지 않는 거예요."

그러자 한 여자아이가 "왜 안 팔아?" 하고 껴들었지만, 대답을 하는 아이가 없었다.

"헨리는 망신당할까 봐 겁내는 거예요. 보트를 타고 나갔다가 가라앉으면 창피하잖아요."

내가 질문했다. "망신당하는 게 뭐야?"

아이가 대답했다. "망신당하는 건 남들 앞에서 굉장히 창피하고 기분이 안 좋아지는 거예요."

내가 다시 물었다. "너도 그런 걸 느껴본 적 있니?"

아이가 대답했다. "네, 나도 그런걸 느꼈어요. 참 안 좋았어요."

나는 다시 아이들에게 질문했다. "다시 보트 이야기를 해보자. 보트를 다 만들었다는 건 어떻게 알까?"

아이들이 대답했다.

"보트에 필요한 게 다 있으면, 보트를 다 만든 거예요."

"보트가 매끈하게 손질되어 있으면 다 만든 거예요."

"보트가 물에서 가라앉지 않으면 다 만든 거예요."

"보트가 바다에 가라앉으면, 그땐 정말 끝이예요."

이 말을 들은 한 9살 된 여자아이는 영화 〈타이타닉(미국, 1997, 각본/감독 : 제임스 카메론, 길이 192분, 관람등급 16세 이상)〉을 떠올렸다. 이 아이는 영화에서 중요한 케이트 윈슬렛과 레오나르도 디카프리오의 사랑 이야기에 대해 말했다. 특히 디카프리오의 죽음이 아이에게 감동적이었음을 이야기했다.

다음에는, 선생님이 자신에게 연을 만들어주겠다고 약속했던 그녀의 할아버지 이야기를 아이들에게 말해주었다. 할아버지는 곧 연을 날리게 해주겠다면서 자꾸만 연을 고쳐 만들기만 했다. 선생님은 끝내 연을 날려보지 못했다고 회상했다.

8살 된 한 여자아이는 '전부터 항상' 3미터 높이의 다이빙대에서 뛰어내려보고 싶었는데, 용기가 나지 않는다고 했다. 그러더니 헨리도 어쩌면 보트를 끝낼 용기가 없는 건지도 모른다고 했다. 만일 용기가 있었다면, 이미 다 끝냈을 거라고 했다.

아이들은 점점 보트 이야기와 동떨어진 이야기를 했다. 아이들은 자기가 1미터 높이에서, 혹은 3미터 높이에서 물속으로 뛰어들어보았다는 이야기를 했다. 그러면 또 다른 아이는 10미터에서 뛰어내리는 아이들을 본 적이 있다고 말을 받았다.

"용기가 있어야 해."

선생님이 자신도 3미터에서 뛰어내려본 적은 딱 한 번뿐이라고 하자, 아이들은 별다른 반응을 보이지 않고 받아들였다. 선생님이 한 번도 3미터에서 뛰어내려본 적이 없다고 해도 마찬가지였을 것이다.

한 번이라도 3미터에서 뛰어본 아이들은 한결같이 다음의 문장에 동의했다. "그건 재미있는데, 위험하기도 해."

이번 마지막 대화에서 우리는 어린이들이 지닌 깊은 이해력을 느낄 수 있었다. 이 책에서 소제목으로 사용된 "소중한 건 남에게 팔지 않는다."는 말만 해도 그렇다. 이 표현에서 우리는 사회가 아무리 상업화되고 인간이 도구화되어도 침범당하지 않는 사적인 동시에 사회적인 가치와 공간을 발견할 수 있다. 칸트는 이러한 생각을 그의 유명한 정언명법으로 표현하였다. "너 자신에게 있어서나 다른 사람에게 있어서나 인격을 언제나 동시에 목적으로서 대하고 결코 수단으로서 대하지 마라."

두 번째 방법에는 사전준비가 중요하다. 우선 적당한 텍스트를 골라야 한다. 이건 생각보다 쉬운 일이니까 어렵게 생각할 필요가 없다. 문학 텍스트는 철학적인 부분을 담고 있을 때가 많기 때문에, 이것을 발견하는 눈만 있으면 된다. 혹은 당신 자신의 체험이나 생각을 이야기로 꾸며 만들어도 좋다.

두 번에 걸친 대화를 통해 아이들이 지닌 이해력을 접하고는 선생님도 뜻밖으로 놀랐다고 말했다. 이것이 바로 어린이와 함께 철학하기를 통해 어른들도 '자기확장'을 체험한다는 의미일 것이다. 물론 어린이들 역시 대화를 통해 자기확장을 체험한다.

우리는 사고의 뿌리가 감각을 통한 지각에 있음을 말했는데, 이
점을 좀더 명확히 하기 위해 한번 더 임마누엘 칸트로 돌아가려고
한다. 칸트의 기본적인 생각은 "개념 없는 직관은 눈먼 것이요, 직
관 없는 개념은 공허하다."는 것이었다. 인식이 존재하려면 지각의
흐름 속에서 뭔가가 끄집어내지고 규정되고 고정되어야 하며 다른
것들과 관계 맺어져야 한다. 인식하는 존재로서 우리는 감각적 체
험을 넘어서야 한다. 하지만 감각적 체험은 인식을 위한 기본이다.
왜냐하면 우리의 체험세계에서 비롯된 어떤 직관과도 상응하지 않
거나 관계를 맺지 않는 개념은 공허한 것으로 머물 수밖에 없기 때
문이다. 칸트는 이러한 기본적인 생각을 바탕으로 체험의 토대가
결여된 모든 개념적 구조물들을 비판하였다. 그런 개념적 구조물
들은 곧 임의성 속에서 길을 잃고 만다. 그런 개념들은 아무리 그럴
듯하게 들리더라도 순전한 관념적 공상에 불과하다.

이런 생각을 우리의 맥락에서 요약하면 다음과 같다. 우리는 손
으로 쥐고(파악하고) 눈으로 들여다보고(통찰하고) 느끼고 맛보고
냄새를 맡고 등등을 한 뒤에야 뭔가를 이해하게 된다. 세계와 만날
때 우선은 감각을 통해서 길이 열리는 것이지 개념적이고 논리적

인 판단력의 활동을 통해서가 아니다. 그래서 어린이와 함께 하는 철학은 대화로만 구성되어서는 안 된다. 특히 유치원과 초등학교 저학년에 다니는 어린이들은 철학을 좀더 감각적이고 구체적으로 손에 잡힐 듯이 체험하도록 해야 한다. 그래서 어린이와 함께 하는 철학은 '공작' 혹은 '철학 만들기'를 뜻해야 한다.[119] 이런 생각에 고무적인 작업을 보여준 한 여성 철학자가 있는데 그녀는 에바 쫄러 (Eva Zoller)이다. 그녀는 "가슴을 열고 손을 사용하는 방법"을 개발했는데, 그 취지는 인식을 머리로만 추상적으로 하지 말고 또 머릿속에다 담고 다니지만 말고, 가슴을 열고 느끼며 이를 넘어서 행동속에서 인식이 효력을 발휘하도록 하자는 것이다. 이러한 입장으로 그녀는 철학이 그 시원에서부터 함께 하였던 '지혜'의 개념을 부각시킨다. 지혜는 단순한 지식 이상의 것이다. 지혜는 올바른 자세와 바른 인식의 실천까지를 뜻한다. 지혜는 단지 사고능력만이 아니라 전인적인 인격의 형성과 관련되는 것이며, 철학의 시원기부터 지금까지 철학의 주제이자 목표였다.

이제 우리는 에바 쫄러가 제안한 "가슴을 열고 손을 사용하는 방법"을 개괄적으로 살펴보려고 한다.[120]

- 지각놀이

지각놀이는 내적이고 외적인 지각능력을 활성화하는 데 도움이 된다. 흔히 알려진 어린이 놀이로도 지각의 활성화 효과를 볼 수 있다. 예를 들면 '두 눈을 가리고 물건을 더듬어 알아맞히기'나 '한 사람이 보지 못하는 사물을 다른 사람이 묘사하여 알아맞히게 하는 놀이' 등이다. 이런 놀이들은 감각을 집중해야 가능하기 때문에 철학적 대화의 사전준비로도 효과가 있다. 더 나아가 어떤 철학적 주제들과의 연계도 가능하다. 손으로 물건을 더듬어 알아맞히기를 예로 들자. 이 놀이는 진리의 인식에 대한 문제를 이해시키는 데 도움이 될 수 있다. 왜냐하면 누구나 손으로 더듬은 물건을 다르게 묘사하고, 심지어는 다르게 그 정체를 주장하기 때문이다. 이 문제에 대해서는 나중에 철학적 놀이 '쥐 실험' 부분에 가서 더 이야기하겠다.

색깔과 음향을 연결시키는 시도도 효과적일 것이다. 혹은 악기를 사용해 음에 어떤 색깔을 부여하는 것도 해볼 만하다. 음악이 연주되도록 하고 미리 정해놓은 악기가 등장하면 그때마다 색연필로 그림을 그리는 방법도 있다. 색을 사용해 그리는 것도 좋고, 또는 미리 정한 악기가 등장할 때 특정한 동작으로 이를 표현하는 것도 좋다. 어린이들이 상상력을 동원하면 더 많은 놀이방법을 고안

할 수 있을 것이다. 어린이에게 적당한 집중연습 내지는 명상연습이 되도록 다양한 놀이방법을 고안하면 좋을 것이다. 물론 그러기 위해서는 경험과 시행착오도 필요할 것이다.

- 역할놀이와 대화놀이

대화놀이는 말을 조리 있게 하고 대화를 체험한다는 관점에서 볼 수 있다. 다른 사람의 역할을 한번 해보는 일은 상대방의 관점을 더 잘 이해하는 능력을 키워준다. 이런 놀이를 통해서 나와 다른 시각과 견해를 더 쉽게 납득하게 된다.

- 그리기, 조각 붙이기(콜라주)

자유롭게 혹은 주제를 정해서 예술적으로 표현해보도록 한다. 그러면 언어로는 표현할 수 없었던 것을 표현하는 데 도움이 된다. 에바 촐러는 그림자처럼 "얼굴 윤곽 그리기"를 좋은 예로 든다. 윤곽이 그려지고 나면 어린이들은 떠오르는 생각들을 그림으로 그리거나 글로 써넣을 수 있다.

- 브레인 스토밍, 하트 스토밍

즉흥적인 연상은 마음에 잠재적으로 숨겨져 있던 견해와 체험을 끌어내도록 도와준다. 뿐만 아니라 즉흥적 연상을 통해서 다양한 견해와 체험을 하나의 주제영역으로 명료화하고 관련 개념들의 테두리를 가늠할 수 있다. 예를 들면 "사람은 언제부터 어른일까?"라는 질문에 대해 앞서 그룹 대화에서 했던 것처럼 어린이들이 즉흥적으로 하는 말들을 모아보라. 이런 질문의 장점은 우리가 어린이들이 어른 됨을 어떻게 보는지에 대해 흥미로운 사실들을 알게 할 뿐만 아니라, 역으로 우리 자신들이 어린이 됨을 어떻게 보는지도 깨닫게 된다는 것이다. "나는 언제 어린이처럼 될까?"

브레인 스토밍, 하트 스토밍은 대화를 준비하는 작업으로도 쓸모가 있다. 이 작업은 아이들이 관심을 가질 만한 대화주제를 발견하도록 도와준다. 뿐만 아니라, 이 작업을 통해서 일직선으로 고정된 대화상황에 새로운 시야를 열어줄 수도 있다.

- 공상과 상상

마음속에 화가 잔뜩 났을 때는 어떤가? 이럴 때는 마음으로 떠나는 여행을 상상해볼 수 있다. 상상여행은 아이와 어른 모두 자신의 마음속에 숨겨진 것을 자각하는 데 도움이 된다. 연습을 통해 자신의 상상력을 향상시킬 수 있다.

이 모든 방법들은 내적이고 외적인 지각능력을 향상시켜 자신과 세계에 대해 좀더 많은 것을 체험하게 해준다. '철학 만들기'는 철학적 대화의 준비과정이나 보충적 방법으로 이해하면 된다. 우리는 철학을 체험하게 만들어주는 독특한 방법을 자세하게 설명하려고 한다. 그 방법 가운데 하나는 바로 마술이다. 마술은 청중들을 경탄하게 한다. 철학의 시발점 역시 경이로움의 체험이다. 마술사, 혹은 더 적당한 표현으로는 환상예술가는 관객의 기대와 지각력을 상대로 유희를 한다.

좀더 정확히 말해 우리는 '철학마술사'의 말을 들어보고자 한다. 마술사 안디노라고 알려져 있지만, 마술사의 가면 뒤에는 철학자이자 교육학자, 신학자인 안드레아스 미헬 박사가 있다. 그는 수많은 워크숍과 저술을 통해 철학과 마술, 그리고 교육학의 연계를 추구한다.

*인터뷰어는 이 책의 저자인 토머스 에버스, 마르쿠스 멜허스이다.

인터뷰어	안디노씨, 마술과 철학은 어떻게 연결될 수 있습니까? 그리고 그 둘의 차이점은 무엇입니까?
안디노	우선은 철학과 마술은 완전히 분리된 두 개의 영역이라고 할 수 있지요. 마술을 접할 때 사람들은 그

것이 예술인지 아닌지 잘 판단을 내리지 못합니다. 철학에 대해서는 그것이 과학적인 학문인지 아닌지를 잘 모르죠. 마술과 철학은 확실하다고 여겨지던 것을 의심하게 만들기 때문에 사람들에게 불분명함을 느끼게 합니다. 마술과 철학은 바로 이런 공통점을 통해서 연결될 수가 있습니다. 철학자가 집요하게 회의적인 질문들을 통해 사유를 전개해 간다면, 마술사는 끊임없이 관중의 지각능력을 의심스럽게 만들면서 공연을 전개해갑니다. 마술과 철학의 공통점 또 한 가지는 둘 다 대화하는 형식이라는 점입니다. 환상의 예술이라고 할 수 있는 마술은 관객들과의 살아 있는 대화입니다. 철학도 대화라는 점에서 마찬가지라고 생각됩니다. 또 이렇게 볼 수도 있습니다. 마술은 철학적 사고를 재미있게 보여줄 수 있는 매우 훌륭한 수단입니다. 예를 들면 요슈타인 가아더도 마술의 예를 많이 사용하지 않았습니까?

인터뷰어   마술을 철학적 실천의 일부로 볼 수 있다는 말씀인지요?

안디노   물론 그렇습니다! 심지어는 모든 마술공연이 적어도 한 가지는 철학적 내용을 담고 있다고 할 수 있습니다. 왜냐하면 생각하는 관객들은 마술공연을 보면서 거의 언제나 새로운 형태의 자기성찰을 하도록 인도되기 때문입니다. 왜냐하면 마술은 우리의 감각이 현혹될 수 있다는 사실을 매우 직접적으로 깨닫게 하기 때문이지요.

인터뷰어   그런 깨달음이 어린이들에게도 가능할까요?

안디노   저는 유치원에 다니는 어린이들이 한 번쯤은 현혹, 즉 "겉모양에 속는다."는 개념을 알게 되는 게 매우 중요하다고 생각합니다. "마법의 봉투"는 아주 잘 알려진 마술 중의 하나인데, 지금 한번 해보고 싶군요. 저에게 종이돈 한 장을 잠깐 빌려줄 수 있을까요? 제가 이 종이돈을 펼쳐서 봉지 안에 넣겠습니다. 자, 이제 함께 마법의 주문을 외워주시죠.

(모두 함께 "심 살라 빔.")

안디노   자, 보세요. 벌써 봉투는 비었고 돈은 사라졌지요? 순식간에 말이에요. 하지만 돈은 걱정 마세요. 봉투 뒤편의 또 다른 틈새 주머니에 들어 있으니까요. 이건 주문을 외는 척하면서 아주 간단하게 봉투를 슬쩍 돌리는 수법인데, 여기엔 '속임과 속음'이 있는 것이지요. 이런 정도의 현혹은 어린이라도 이해할 수 있어요. 봉투를 직접 만들 수도 있을 테지요.

인터뷰어   그런데 말이죠. 4~5살 된 아이가 마법의 봉투를 만들어 트릭의 비밀을 알게 되면 '실망의 위험'이 너무 크지 않을까요? 혹은 이런 종류의 실망효과가 바로 안디노 씨께서 노리는 것인가요?

안디노   이 경우에는 그렇다고 할 수 있습니다! 좀 전의 마술은 어린이도 쉽게 트릭을 꿰뚫어볼 수 있는 수준의 것이고, 제대로 된 공연용 마술은 아니지요. 하지만 초등학교 입학 전의 아이들에게 '속임'의 개념을 명확하게 해주는 데는, 스스로 속이는 단계까지 허용하는 아주 간단하고 적당한 마술이라고 할

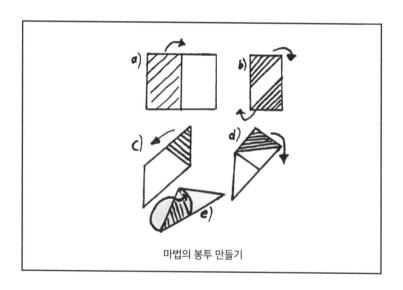

마법의 봉투 만들기

수 있겠죠. 어린이가 아빠를 상대로 이 마술을 하면 좋지 않겠습니까? 물론 사라진 돈은 다시 돌려주지 않는 편이 낫겠고요.

인터뷰어 이젠 나이가 좀더 많은 어린이에게 보여줄 만한 마술을 소개해주세요.

안디노 좀 큰 아이들에겐 여기 이 카드를 즐겨 사용합니다. 이건 좀 이상한 카드지요. 한 면에는 다이아몬드 A(1)가 보이고 뒷면에는 다이아몬드 4가 보이지요. 그런데 제가 이 카드를 다시 원래대로 뒤집으면 다이아몬드 3이 나오고 또 뒤집으면 다이아몬드 6이 나옵니다! 자, 어떻게 된 거죠? 다시 한 번 뒤집으면 뭐가 나올까요? 원래대로 다이아몬드 A(1)가 나오고 또 뒤집으면 다이아몬드 4가 나옵니다. 계속 뒤집으면 다이아몬드 3, 또 뒤집으면 다이아몬드 6… 이 카드마술의 트릭이 뭔지 짐작하실 거라고 생각하는데요. 이 마술에는 문화적인 배경이 있어야 조건이 성립되는 속임수가 있습니다. 왜냐하면 이 마술은 사람들이 게임카드나 주사위의 그림과 점 따위에 너무도 익숙해진 나머지, 그것들을 볼 때 일일이 세지 않고 이미 기억되어 있는 그림들을 즉각 불러내는 방식으로 인식한다는 데 착

안한 것이기 때문입니다. 실제 이 카드를 살펴보면 카드 한 면에는 다이아몬드가 5개 있고, 반대 면에는 2개가 그려져 있을 뿐입니다. 카드를 보여주며

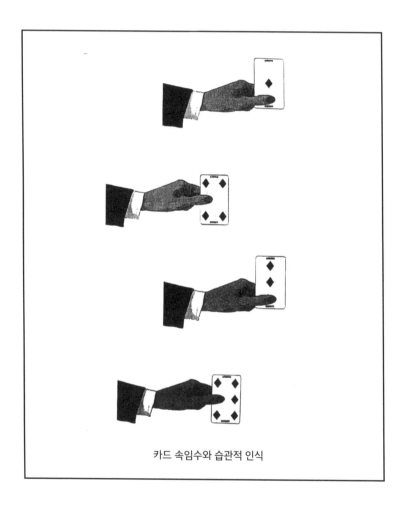

카드 속임수와 습관적 인식

제가 다이아몬드를 몇 개 어떻게 가리느냐에 따라서, 관객은 이미 익숙하게 보아온 카드의 그림을 인식한다고 믿게 되는 것입니다. 다이아몬드 3, 6, 4, 1이라고 관객들은 인식하겠지만, 실제로는 위 카드 중 어떤 것도 저의 손에는 존재하지 않습니다. 관객들은 스스로 속아넘어갈 뿐이지요. …그런데 이 속임수는 적어도 8살은 되어야 먹혀듭니다. 카드그림들을 충분히 여러 번 보아서 익숙해질 정도의 나이인 셈이지요.

인터뷰어   지금 소개하신 것과 같은 마술이 어린이와 함께 철학하기에 얼마만큼 효과적인 도움을 줄 수 있을까요?

안디노   큰 도움을 줄 수 있습니다. 저는 바로 얼마 전에 코블렌츠의 시민대학 강좌에서 어린이들과 함께 철학모임을 가진 적이 있습니다. 그때도 간단한 마술묘기를 사용했습니다. 참에 관한 주제에서는 "거짓말을 해도 되는가?", 현실인식에 관한 주제에서는 "세상은 정말 우리가 보는 그대로일까?" 같은 질문들을 다루었는데, 마술묘기가 어린이들로 하여금 위 질문들에 쉽게 접근하도록 큰 도움을 주었습니다. (…) 다시 말해 간단한 마술을 체험하는 것은 어

린이들에게 철학적 사고를 자극하는 데 효과가 있
다는 거지요.

인터뷰어   어린이들이 보인 태도는 안디노 씨의 마술공연에
서도 역시 볼 수 있는 것인지요? 어떤 체험을 하셨
는지 말씀해주십시오.

안디노   어린이들을 위한 마술공연에 철학적 요소가 잠재
되어 있다면, 그것은 무엇보다도 "지금 마술사가
무엇을 하고 있는가?"라는 질문을 주제화하는 데
있다고 봅니다. 만일 어린이들이 마술공연을 본 뒤
단순한 속임수와 실제 마술, 마법, 환상을 보여주
는 예술가의 차이가 무엇인지를 이해하게 된다면
그 어린이들은 상당수 어른들보다도 많이 아는 수
준이라고 할 수 있습니다. 하지만 여기서도 어린
이의 나이가 결정적인 역할을 합니다. 소위 '마술
적 단계'에 있는 유치원 어린이에게 "이건 진짜 마
술이 아니고 꾸며서 하는 놀이일 뿐"이라고 말하면
교육적인 효과가 있을 것입니다. 하지만 똑같은 말
을 좀더 큰 어린이에게 하면, 그 말은 단지 마술사
가 미리 안전판을 설치하듯 자기보호를 위해 하는
것이 될 뿐입니다. 왜냐하면 큰 아이들은 누구나

	간단한 마술트릭의 허구성을 알고 있으며, 이를 진
	지하게 받아들이지 않기 때문입니다.
인터뷰어	마술을 통한 철학과 어린이의 일상이 만나는 지점
	에 대한 견해를 말씀해주십시오.
안디노	마술도, 철학적으로 뜻깊은 질문들도 모두 어린이
	의 일상에 속하는 것입니다. 그래서 저는 '어린이
	와 함께 하는 철학모임'과 '어린이를 위한 마술시
	범' 모두를 어린이의 일상과 밀접히 결부된 것으로
	보며, 동시에 어린이의 삶에 상응하는 것으로 이해
	합니다.

지금까지 대화에 감사합니다. (2001년 3월)

이 인터뷰는 "마술을 사용하는 철학자(…)는 실제로는 철학교육자"[121]라는 사실을 분명히 말한다. 그러니 여러분도 마음 놓고 철학적 마술을 실천해보기를 바란다. 마술봉투를 만들고 마술용품점에서 특수 게임카드를 주문하기 바란다.

| 필로소피컬 |

우리가 1부에서 소크라테스와 매개이론을 다루며 언급한 대로, 어린이들과 함께 철학적 대화를 할 때 언어적-추상적 개념작업에만 집중하면 무리한 요구로 어린이들을 지치게 하기 쉽다.

게다가 어린이와 함께 철학하기가 특별히 학습동기가 큰 어린이들을 위한 배타적인 모임이나 과정이 아닌 바에야, 유희적이고 오락적인 요소들을 도입하는 것은 필수적이라고 할 수 있다. 그래서 우리는 이른바 '필로소피컬'이라는 것을 개발했다. 필로소피컬은 한편으로는 개념적인 작업 및 철학적 대화를 하고, 다른 한편으로는 유희와 오락의 요소를 개발 및 수용한 것이다. 필로소피컬이라는 명칭은 철학을 뜻하는 필로소피와 뮤지컬을 합성한 것이다. 필로소피컬은 작은 에피소드 형식으로 만들어진 이야기들로서, 철학적인 물음과 주제설정을 담고 있는 것이다. 이 이야기들은 어떤 내용인가에 따라서 비슷한 상황을 담고 있는 동요와 함께 묶여서 분류된다. 이때 중요한 것은 에피소드들이 구체적인 장면묘사를 많이 담고 있어야 한다는 것이다. 그래야 어린이들과 함께 장면들을 노래하며 연기해보기 쉽기 때문이다.

우리는 위에서 설정한 기준에 맞는 3개의 필로소피컬을 선택했다. 여기에 사용된 이야기들은 출간된 순서대로 제시하면, 〈울보왕, 혹은 질문들은 어떻게 숲으로 가는가?(1999)〉, 〈쥐의 모험(2001)〉, 〈모리츠와 에포솔립(2001/2002)〉[122] 등이다.

눈먼 두더지

이야기의 도입부는 이렇다. 숲을 산책하다가 이상한 만남이 이루어진다. 이젤을 앞에 놓고 그림을 그리는 두더지를 알게 된 것이다. 좀 놀랍지 않은가. 두더지들은 시력도 나쁘고 대개 땅속에서 지내는 게 보통인데 말이다. 화가 두더지는 그런 질문을 이미 많이 받았다고 하며, 그의 동족이 왜 시력이 그토록 나쁜지, 또 왜 땅굴에서 사는 걸 선호하는지에 대해 이런 이야기를 들려주었다.

그래, 그래. 사실 많은 두더지들이 대부분의 시간을 땅속에서 보내는 건 사실이지. 그런데 왜 땅속에서 사냐고? 그건 두더지들이 아주 오래전부터 땅 위에는 두더지들에게 흥미로운 게 아무것도 없다고 믿어왔기 때문이지. 아주 오래전 일이야. 두더지들이 땅 위에서 주변을 살펴보았을 때, 세상은 온통 잿빛이었지. 아직 아무런 색깔도 없었던 시절이지. 그 시절에 두더지들은 서로를 봐도 누가 누군지 구분을 할 수가 없었어. 두더지들은 모두 똑같이 보인다는 사실이 두려웠지. 그래서 땅속에 있기로 한 거야. 오늘날 두더지들은 굴을 떠나 잠깐 땅 위로 올라올 때 눈을 감고 있지. 두더지들은 어느새 아무것도 새로운 걸 기대하지 않게 된 거야.

하지만 내 할아버지의 할아버지의 할아버지의 할아버지 두더지는 땅속 삶에 만족할 수 없는 분이셨어. 내가 노래를 한 곡 들려주지.

〈색깔 없는 블루스〉

아주 오랜 옛날 수천 년 전에
지금의 우리들은 알지 못하는
그런 시간 있었다네, 수천 년 전에

온 세상은 어디를 둘러보아도
아무런 색깔 없는 시절이었는데
할아버지 두더지는 한참 동안을
사방을 보고 또 보았다네

어쩐지 무섭구나 생각이 들어
주위엔 아무도 없구나 하셨다네
그래 비었어, 모든 게 텅 비었구나

할아버지 두더지는 한참 동안을
한번 더 둘러보고 또 보았는데
머리는 자꾸 이곳저곳 부딪히고
노래와 다른 소리 들려왔다네

어쩐지 이상하네 생각이 들어

주위엔 뭔가가 있구나 하셨다네
어쩌면 그럴 거야, 생각하셨다네

모두들 말했다네, 괜한 짓이야
하지만 할아버진 말씀하셨지
색깔만 조금 있으면 잿빛은 사라져
말을 마친 할아버지 바빠지셨다네
이리저리 색깔들을 옮겨나르느라

이것이 색깔 없는 블루스, 블루스
이것이 색깔 없는 블루스라네
온통 잿빛 세상은 영원히 가고
이제부턴 색색깔의 세상이 왔네
이것은 색깔 없는 블루스지만
할아버지 두더지는 쉬지 않았네
할아버지 두더지는 모든 걸 색칠했다네

할아버지의 할아버지의 할아버지의 할아버지 두더지는 지상의 모든 사물들을 색칠했다고. 그리고 나는 이제 이 멋진 세상을 그림으로 그리지. 그래야만 난 이 세상을 좀더 잘 이해하고 안전하게 보전할 수 있기 때문이야. 아, 내 조상 할아버지 두더지는 그뿐이 아니라 두더지 언덕도 고안하셨어. 이 언덕으로 말하자면, 눈을 감은 채로 다니고 싶은 두더지들이 사방을 둘러보는 전망대라지. 다음 번에 두더지 언덕을 지나칠 때는 좀 조심해줘. 주변의 색깔들을 망치지 않도록 말이야. 내 할아버지의 할아버지의 할아버지의 할아버지 두더지가 살아 계셨을 땐, 모두들 그분을 미스터 두더지라고 불렀지. 내가 알기론 그렇게 불린 두더지는 이 세상에 그분밖에 없었어.

우리는 이 이야기를 첫 번째로 선택했다. 왜냐하면 이 이야기는 유명한 플라톤의 동굴 비유를 연상케 하기 때문이었다. 플라톤의 비유에서 사람들은 동굴벽 앞에 앉아 있었다. 그리고 그들은 등 뒤의 빛(혹은 불)에 비친 사물들의 그림자가 벽에 어리는 것을 바라보았다. 동굴 속의 사람들은 모두 결박되어 있어서 몸을 돌릴 수가 없었다. 그래서 그림자를 벽에 던지는 사물들을 직접 볼 수는 없었다. 그들이 볼 수 있는 것은 사물들의 그림자가 전부였다. 다시 말해 그림자들이 그들의 현실이었다. 만일 결박을 풀고 시선을 돌리는 자가 있다면, 그는 그림자가 아닌 사물들을 직접 보게 될 것이었다. 만일 동굴을 탈출하는 자가 있다면, 그는 심지어는 참된 인식의 근원인 태양의 빛을 보게 될 것이었다.

두더지의 이야기는 결박과 결박된 자, 그리고 결박을 푸는 자를 그려 보인다. 이어서 우리가 이야기한 플라톤의 동굴 비유는 인간이 스스로 결박하고 있을 가능성이 충분하다는 데서 출발한 것이다. 하지만 우리의 '미스터 두더지'는 그러지 않았다. 그는 명예로운 칭호를 얻기에 충분한 두더지였다. 그는 호기심과 용기로 새로운 세상으로 통하는 길을 개척했기 때문이다.

어린이와 함께 철학하기를 위한 이 필로소피컬은 다양한 형식의 활동들로 이어질 수 있다. 예를 들어, 한 어린이 그룹은 이 필로소피컬을 무대에 올려 공연했다. 어린이들은 공연을 위해 종이로 두더지를 만들어 무대 위에 여러 군데 마련된 모래언덕에 꽂아 세웠다. 그리고 큰 소리로 함께 노래 부르고 뛰어다녔으니, 그런 분위기라면 어떤 두더지라도 한 번은 머리를 내밀고 밖을 내다보았을 것이다.

어쩌면 그다음에 두더지들은 왜 색색의 세상이 잿빛세상보다 아름다운가에 대해 열띤 이야기를 주고받았을지도 모르겠다.

생쥐들의 탐험

두 번째로 소개하는 필로소피컬은 부처님의 비유에서 비롯된 것이다. 〈팔리 경전〉에는 장님과 코끼리에 대한 비유가 나온다. 여러 명의 장님들이 코끼리 한 마리를 만지는데, 장님들은 어느 부분을 만졌느냐에 따라 코끼리 한 마리를 저마다 다르게 묘사하고 다른 추측을 내놓는다. 코끼리의 다리를 만진 장님은 기둥을 만졌노라고 한다. 코끼리의 뿔을 만진 장님은 쟁기를 만졌노라고 한다. 장님들이 손으로 짚은 부분에만 한정시키면, 장님들이 인식하고 판단한 것도 타당한 면이 있긴 하다. 하지만 장님들 가운데 누구도 전체를 알지는 못한다. 모두가 부분적 진실만을 말한 것이다.

이 불교의 비유에서 중요한 것은 진리의 문제이다. 신비적 종교 특유의 진리관이 표현되었다고 볼 수도 있다. 즉, 이 비유가 비판적으로 다루는 진리관은 포용하지 않고 배타적인 진리관, 여러 가지 상이한 '진리들'이 존재할 가능성을 부정하고 심지어는 중상하기까지 하는 진리관이다.

이 비유는 세 가지 측면에서 이 점을 보여준다.

- 장님들은 모두 코끼리 한 마리를 더듬어 만진다. 모두가 추구하

는 것은 이렇듯 하나의 진리이다. 진리에는 여러 가지가 있는 게 아니다. 다만 진리를 보는 서로 다른 시각이 있을 뿐이다.

 - 장님들은 모두 코끼리의 몸의 일부를 만진다. 우리의 인식능력은 제한되어 있다. 우리는 전체를 인식할 능력이 없다.

 - 장님들은 모두 그 자신의 인식에 있어서만은 옳다. 우리의 견해는 특정한 관점에서만 옳다. 하지만 마치 전체를 인식한 것처럼 그 부분적 진리를 절대적인 것으로 주장하는 것은 옳지 않다.

이 비유의 진리관을 통해 알 수 있는 것은, 신비적인 종교관은 선교사적 열정과는 거리가 멀다는 사실이다. 신비적 종교는 근본적으로 평화지향적이다. 진리는 오직 하나만 있는 게 아니다. 또 그 진리는 어떤 단독자나 단독집단만이 소유하는 것이 아니다. 하나의 진리에 대해서 여러 가지 시각이 있다는 게 옳다. 이 비유는 관용하는 태도를 옹호한다. 누구도 자신의 진리관을 포기할 필요가 없지만, 그렇다고 임의성이나 분열적인 상대주의에 빠지지도 않는다.

에드 영(Ed Young)은 이 비유를 쥐와 코끼리가 등장하는 매우 아름다운 그림동화책으로 만들었다.[123] 우리는 '쥐의 모험'이라는 필로소피컬을 만들면서 쥐와 코끼리의 역할을 적당하게 분담시켰다.

이 이야기는 장면을 연출하기가 쉽다는 특징이 있다. 꼭 진짜 코끼리가 나올 필요도 없고 부분밖에 인식하지 못한다는 설정도 적절하게 응용하여 표현할 수 있다. 이를테면 어린이들에게 눈을 가리게 하고 어떤 한 대상을 더듬어 만지게 한다. 하나의 대상에 대해 사람마다 다른 추측이 나오도록 하는 것이 중요하다. 풀밭 위에 놓인 기다란 물체는 나뭇가지일 수도, 칼이나 평행봉, 붓일 수도 있다. 붓이라면 무대의 모래 위에 멋진 그림을 그릴 수 있겠지만, 나뭇가지에 불과할 수도 있다. 그런데 만일 그것이 칼이라면, 그것이 과연 붓의 기능을 할 수는 없을까? 하나의 대상이지만 사람에 따라 칼로도, 붓으로도, 나뭇가지로도 파악될 수 있다. 이렇게 다르게 파악될 수 있다는 사실은 무엇을 뜻하는가? 여기서 어린이들과 새롭게 대화를 시작할 수 있다.

하지만 지금 우리는 하나의 이야기를 제시하는 것으로 그치려고 한다. 그전에 한 가지 소개한다. 만일 독자 여러분께서 독일의 본에 갈 일이 있다면, 본너 라인아우엔의 '장님의 정원'에 가보기 바란다. 거기엔 부처님의 비유에 헌정된 조각이 하나 있는데, 그 이야기는 독특하면서도 참 쉽다.

생쥐 다섯 마리가 '구름 위 높은 집'에서 살고 있었습니다. 이 이름은 생쥐들이 생각해낸 것입니다. 생쥐들의 집이 작은 언덕 위에 있었기 때문이었습니다. 하지만 생쥐들이 눈을 꼭 감으면 그 언덕이 아주 높은 산인 것처럼 생각되었습니다. 산꼭대기가 구름에 닿을 듯이 높았습니다. 다시 눈을 뜨면 구름은 사라지고 산은 다시 작은 언덕이 되었습니다. 그래서 집으로 올라가는 길은 그렇게 길고 힘들지 않습니다. 생쥐들은 집을 잘 고른 곳이었습니다. 구름 위의 집은 아주 멋진 집이었습니다. 문짝들이 잘 맞지 않고 계단이 삐걱거리는 좀 낡은 집이긴 했지만 겨울에는 따뜻하고 여름에는 뜨거운 햇볕을 막아주고 비가 올 때는 머리 위의 지붕이 되어주는 근사한 집이었습니다.

하지만 생쥐 다섯 마리가 늘 만족하는 것은 아니었습니다. 생쥐들은 일을 다 마치고 나면 구름 위 집을 떠나기도 했습니다. 어떨 때는 왠지 모르게 불안하기도 했습니다. 그저 심심하기도 했습니다. 그럴 때면 언제나 생쥐들은 산책을 나가서 언덕을 내려가 뚜렷한 목적지 없이 그냥 근처를 돌아다녔습니다. 때로는 아주 멀리 갈 때도 있었습니다. 새벽에 동이 틀 무렵에 길을 떠나서 해가 져서 나무 뒤로 넘어가 거의 보이지 않을 때쯤에 돌아오기도 했습니다. 그렇게 긴 산책을 생쥐들은 '탐험'이라고 불렀습니다. 그렇게 말하면 그저 '산책'이라고 할 때보다 더 마음이 설레었습니다. (…)

생쥐들이 다시 한번 탐험을 떠났을 때 커다란 풀밭에 이르게 되었습니다. 풀은 아주 크고 빽빽이 나 있어서 다섯 마리의 생쥐들은 생쥐 발걸음으로 열 발자국만 떨어져도 보이지 않았습니다. 생쥐들이 한참 동안 풀줄기와 씨름하고 나자 갑자기 그들 앞에 무언가가 나타났습니다. 생쥐들은 깜짝 놀라서 뒤로 물러섰습니다. 하지만 그들은 호기심이 생겨서 조심스럽게 그쪽으로 다가갔습니다. 생쥐들은 그것의 주위를 맴돌았고 또 다른 것이 더 있다는 것을 알았습니다. 모두 네 개였습니다. 생쥐들은 그것이 기둥이라는 데 의견의 일치를 보았습니다. 그들이 위쪽을 쳐다보면 파란 하늘 대신 네 개의 기둥이 받치고 있는 커다란 회색 지붕이 보였기 때문입니다. 생쥐들은 그것이 무엇인지 통 알 수가 없었습니다. 좀 불안하긴 했지만 생쥐들은 철저히 알아보기로 했습니다. 발견한 것을 정확하게 조사할 수 있도록 생쥐들은 서로 헤어져서 각자 그것에 대해 알아보기로 했습니다. 생쥐들은 아주 용감했습니다. 혼자서 무엇인지 전혀 모르는 것을 알아내려고 용기를 냈습니다. 아무튼 그들은 탐험을 하고 있었고 탐험을 하는 데는 용기가 필요했습니다.

한참 후에 생쥐 한 마리가 그것이 무엇인지 알았다고 크게 소리쳤습니다. 무엇이지 잘 보려고 몸을 일으켜 세우자 바로 머리 위에 회색 파이프가 보였습니다. 생쥐는 용감하게 기어올라가서 휘어진 파이프를 타고 그 파이프의 꼭대기까지 갔습니다. 거기는 아주 가

팔라서 생쥐가 더 이상 매달려 있을 수가 없었습니다. 생쥐는 파이프를 타고 다시 아래로 내려왔습니다. 그러고 나서 다시 위로 올라갔다가 바로 다시 아래로 미끄러져 내려왔습니다. 생쥐는 흥분해서 아주 큰 소리로 이렇게 외쳤습니다. "이건 미끄럼틀이야. 큰 미끄럼틀이야." 그리고 또 파이프를 타고 올라갔습니다.

두 번째 생쥐는 건너편으로 달려가 살펴보았습니다. 두 번째 생쥐는 첫 번째 생쥐와는 상당히 멀리 떨어져 있어서 "미끄럼틀"이라는 말과 신나서 지르는 "야" 소리만 들었습니다. 두 번째 생쥐는 고개를 흔들었고 "그럴 리가 없어."라고 소리쳤습니다. 두 번째 생쥐도 바로 머리 위에서 무엇인가를 발견했습니다. 그것은 미끄럼틀이 아니라 밧줄에 커다란 술 모양이 달려 있었습니다. "이건 미끄럼틀이 아니야." 생쥐가 소리쳤습니다. "미끄럼틀일 수가 없어. 이건 그네야." 생쥐는 거기에 껑충 뛰어올라 낄낄 웃으며 이리저리 그네를 탔습니다.

미끄럼틀을 타고 그네를 타는 생쥐들 사이에서 세 번째 생쥐는 여전히 기둥 바로 앞에 서 있었습니다. 처음에는 그 기둥을 그냥 지나칠 뻔했습니다. '저 애들이 대체 무슨 말을 하고 있는 거야?' 세 번째 생쥐는 날쌔게 기둥 위로 기어올라가며 이렇게 생각했습니다. 다른 생쥐들이 하는 말을 전혀 이해할 수 없었습니다. "이건 기어오르기 놀이장치잖아. 내가 지금까지 본 것 중 가장 멋있는걸."

네 번째 생쥐도 기둥을 타고 올라갔습니다. 생쥐는 아주 높이 올라가서 마침내 커다란, 음… 대체 무엇을 보았을까요? 생쥐는 자기가 본 것을 무엇이라고 불러야 할지 몰랐습니다. '이건 일종의 천이야.'라고 생쥐는 생각했습니다. 그러자 그 천이 이리저리로 흔들렸고 거기서 세찬 바람이 나와서 생쥐는 거의 굴러떨어질 뻔했습니다. "이건 바람을 만드는 기계야. 엄청나게 큰 바람기계야." 생쥐는 좋아서 이렇게 큰 소리로 외쳤고 그 소리에 자기가 깜짝 놀랐습니다. 원래 네 번째 생쥐는 아주 조용한 생쥐여서 자기가 그렇게 큰 소리를 낼 수 있다는 것을 전혀 몰랐습니다.

다섯 번째 생쥐는 다른 생쥐들이 외치는 소리를 모두 들었습니다. 하지만 다섯 번째 생쥐는 아니라고 고개를 흔들기만 했습니다. '친구들은 떠들썩하게 노는 것만 생각해. 달리기, 뛰어오르기, 그네타기, 미끄럼 타기 같은 것들만 생각한다니까.' 다섯 번째 생쥐는 친구들은 무엇을 보든 그것을 미끄럼틀이나 그네, 바람기계로밖에 생각하지 않을 거라고 확신했습니다. '친구들이 좀 조용한 시간을 가지면 정말 좋을 텐데.' 하고 다섯 번째 생쥐는 생각했습니다. '조용히 생각해보면 이것이 정말 무엇인지 볼 수 있고 이해할 수 있을 텐데.' 다섯 번째 생쥐는 이렇게 생각하면서 마치 대리석인 것처럼 보이는 희고 반짝거리는 막대기 위에서 팔다리를 쭉 폈습니다. 생쥐는 그 막대기를 발견해냈고 그것이 누워서 쉴 수 있는 의자라는 것을 바로 알아차렸습니다. '이것은 의자 중에 의자다, 생쥐들에게 딱 맞는 의자로군.' 생쥐는 이렇게 생각하며 다시 팔다리를 쭉 펴고 누워 배를 위로 하며 따뜻한 햇볕을 쬐었습니다. 그러고 나서 생쥐는 다른 생쥐들도 이런 멋진 기회를 놓치지 않고 즐길 수 있도록 이렇게 외쳤습니다. "이건 누울 수 있는 의자야. 쉴 수 있고 우리에게 평화를 가져다주는 것이지."

이렇게 다섯 마리의 생쥐들은 하루를 즐겁게 보냈습니다. 그들은 그날이 참 멋지다고 생각했습니다. 생쥐들은 각자 자기가 찾아낸 것을 보고 기뻐했습니다. 시간이 좀 지나자 그들은 다시 배가 고파졌습니다. 배낭 속을 찾아보았지만 먹을 것은 아무것도 없었습니다. 언덕을 내려온 이후 그들은 모든 것을 먹어버렸습니다. 작은 빵 부스러기 하나도 남아 있지 않았습니다. "커다란 치즈 한 조각이 있으면 좋을 텐데." 생쥐 한 마리가 간절한 목소리로 이렇게 말하자 다른 생쥐들이 모두 동조를 했습니다. "이 기둥들 중 하나가 치즈가 아니라 정말 유감이야. 그렇다면 지금 우리는 먹을 것이 잔뜩 있을 텐데." 첫 번째 생쥐가 한숨을 쉬며 말했습니다. 해는 벌써 산너머로 지고 있었고 생쥐들은 배가 고파서 집으로 돌아가기로 했습니다.

탐험에서 돌아오는 길이 그렇게 재미있었던 적은 별로 없었습니다. 생쥐들은 이야기하고 또 이야기했습니다. 생쥐들이 발견한 것이 과연 무엇인지에 대해 일치를 보지는 못했지만 모두들 자랑스러워했습니다. 미끄럼틀인지 그네인지 기어오르기 놀이장치인지 생쥐용 눕는 의자인지 말입니다. 하지만 그건 전혀 중요한 일이 아니었습니다. 다음 날 꼭 다시 가보자고 약속을 했기 때문입니다.

생쥐들이 가고 난 후 코끼리는 미소를 지었습니다. "정말 생쥐들이 말하는 것이 나한테 다 맞아. 내 꼬리는 그네 타기에 정말 좋지. 내 코는 멋진 미끄럼틀이고 내 귀는 넓다란 최상의 바람 내는 기계지. 내 다리는 근사한 기어오르기 놀이장치이지. 상아로 된 내 이빨은 누워서 쉬기에 딱 알맞지. 하지만 이게 다라면 나는 '놀이끼리'일 뿐이지." 코끼리는 웃지 않을 수 없었습니다. 새로 지어낸 말이 마음에 들었습니다. "너희 생쥐들에게 나는 그저 '놀이끼리'일 뿐이란 말이지." 코끼리는 빙그레 웃었습니다. "하지만 '그저'란 무슨 뜻일까? 그것도 벌써 무언가를 의미하는 거지. 하지만 나는 그 이상이지. 나는 코끼리니까." 확인을 하느라고 코끼리는 무거운 머리를 흔들었습니다. 그러자 귀가 힘차게 이리저리로 흔들려서 중간 강도의 폭풍이 불기 시작했습니다.

"생쥐들 마음대로라면 내가 머리에서 발끝까지 치즈로 만들어져 있겠지. 놀고 나면 배가 고프다는 것은 누구나 알고 있지. 내가 치즈로 되어 있다면 생쥐들은 미끄럼틀을 타고 기어올라가고 그네를 타고 쉬기도 한 다음 치즈 한 조각을 먹을 수도 있겠지. 그러면 너희 생쥐들의 마음에 꼭 들 텐데.” 코끼리는 자기가 온통 노란색으로 변해 있는 것을 상상하면서 웃었습니다. 그러고 나서 코끼리는 왼쪽 귀로 무엇인가를 탁 때렸습니다. “거기까지는 괜찮아.” 코끼리는 혼자 중얼거렸습니다. “‘놀이끼리’는 오케이야. 하지만 ‘치즈끼리’라니 그건 아무래도 너무 심한 거야.” 사실 코끼리는 자기를 코끼리가 아닌 다른 어떤 것으로 알아보는 것을 받아들이기가 어려웠습니다. 코끼리는 자기가 코끼리인 것이 자랑스러웠습니다. (…)

필로소피컬은 우선 재미있기를 바란다. 하지만 주의 깊게 들여다보면 뭔가 주제가 들어 있는 걸 알 수 있다. 유희하듯 장면을 만들다 보면 이야기의 주제를 직접적으로 체험하게 된다. 필로소피컬은 이렇게 즐겁고 영감을 주는 방식으로 철학에의 통로를 열어주는 일이다. 어린이다운, 꾸밈없는 궁금증의 싹을 지켜주고 키워주는 일이다. 필로소피컬은 어린이와 함께 철학하는 데 쓸모가 있는 하나의 벽돌 역할을 해준다.

특별한 존재들의 바다

게오르크 리히텐베르크는 위트와 진지함이 교차되는 아포리즘으로 그가 아니었다면 어둠 속에 묻혀 있을 많은 것들에 물음을 던지고 밝혀낸 계몽주의자이다. 리히텐베르크는 체계화된 이론을 남기지 않았다. 그는 《잡기장(Sudelbuch)》에 기록한 생각들로 유명해졌다. 'Sudelbuch'는 원래 상인들이 날마다 매입과 매출을 체계없이 기록하는 장부를 뜻했다.[124] 리히텐베르크는 자신의 생각을 적은 이 기록장을 《게으른 책(Hudelbuch)》[125]이라고 부르기도 했다.

우리는 '질문하기'에 관한 생각에서 본질적으로 리히텐베르크의 도움을 크게 받았다. 그래서 우리는 그를 우리의 필로소피컬에 가공의 인물로 등장시켰다. 이번에 소개할 필로소피컬의 제목은 '아이포솔립'인데, 그 중점은 리히텐베르크의 작업이 그랬듯이 체계를 만드는 게 아니라 자유롭게 영감을 살리고 깊이를 더해가고 생각을 좀더 연장해보고 새로운 아이디어를 떠올리는 데 두었다. 우선 '아이포솔립'의 출발점은 모든 어린이에게 잘 알려진 어떤 상황이다. '아이포솔립'에는 '물방울 노래'가 나오는데, 이것은 유리창으로 떨어져 부딪히는 빗방울을 묘사한다. 노래에 이어 나오는 이야기는 '실험용 구조'로서 쉽게 장면으로 옮길 수 있는 것이다. 이야기의 주인공인 어린 소년 모리츠와 '아이포솔립'은 '특수한 것과 공통된 것, 고유한 것, 동일한 것' 등을 주제로 삼게 된다.

(…) 언젠가 한번 아이포솔립은 모리츠가 바닥에 앉아 있는 걸 보았습니다. 모리츠의 앞에는 온갖 유리잔과 찻잔, 냄비들이 물이 담긴 채 놓여 있었습니다. "난 물방울 하나를 찾고 있어." 하고 모리츠는 말했습니다. 그러면서 그는 커다란 냄비에서 따른 물이 손을 타고 흘러내리도록 하고 있었습니다. 아이포 솔립은 그걸 보고 '아하, 저렇게 물방울을 찾고 있구나.' 하고 생각했습니다. 하지만 모리츠는 자기가 하는 일에 대해 남들 은 이해를 못하거나 반대할 거라는 듯이, 고개를 저으며 이렇 게 말했습니다. "아니, 내가 찾는 건 보통 물방울이 아니고, 내 가 오늘 아침에 본 바로 그런 물방울이어야 해. 아주 예쁜 물 방울이었다고."

아침에 무슨 일이 있었느냐 하면, 우선은 비가 내렸고, 모리 츠는 방에 앉아 지루해하고 있었습니다. 그러다가 문득 비가 내리는 모양을 관찰해보기로 했던 거지요. 그런데 물방울 하나 가 특히 그의 마음에 들었습니다. 왜냐하면 그 물방울은 아주 특이한 선을 그으며 유리창 표면을 미끌어져 떨어졌기 때문입니다. 우선 그 물방울은 오른쪽으로 조금 미끌어진 다음 멈추고, 다음엔 왼쪽으로 조금 미끌어졌습니다. 그러더니 또 멈추고 다시 오른쪽으로, 그다음엔 왼쪽으로, 계속 반복해서 이쪽저쪽으로 방향을 바꾸었습니다. 말하자면 그 물방울은 꾸준히 지그재그 선을 그으며 미끌어져 내렸던 것입니다. 그러다 마침내는 창틀에 부딪히며 모리츠의 시야에서 사라져 버렸습니다.

모리츠는 빗방울들은 땅에 떨어지면 모두 스며들어, 다시 호수나 냇물, 바다로 흘러들거나, 아니면 수돗물로도 나온다는 걸 알고 있었습니다. 그런데 바다는 길모퉁이만 지나면 나오는 가까운 곳이 아니기 때문에, 잃어버린 물방울을 우선 수돗물을 틀어 찾아보자고 생각했던 것입니다. 그래서 모리츠는 물을 담을 수 있는 그릇을 모두 꺼내놓고 물을 받아 채운 뒤, 아침에 본 그 빗방울을 찾기 시작한 것입니다. 이 광경을 보고 아이포솔립이 뭐라고 했을까요?

"흠, 난 그 빗방울을 찾을 수 있을 거 같은데?" 하고 아이포솔립은 기분 좋게 웃었습니다. "그 빗방울은 틀림없이 내가 몇 년 전에 우연히 웅덩이에서 발견한 걸 거야. 그 물방울도 아주 예뻤거든. 사람들은 물방울들은 모두 다 똑같다고 말하지만, 그건 틀린 생각이야. 내 물방울은 웅덩이에 돌을 던졌을 때 다른 물방울들보다 훨씬 더 높이 튀어올랐거든. 그런데 한번은 그 물방울이 얼마나 높이 튀어올랐는지 눈에서 놓쳐버리고 말았지 뭐야. 그 이후로는 그 물방울을 다시 본 적이 없어. 그런데 어쩌면 지금 네가 내 물방울을 찾은 건지도 몰라."

"맞았어. 틀림없이 바로 그 물방울일 거야." 모리츠가 얼른 말했습니다. 그는 물방울의 아름다움에 대해 누군가와 말할 수 있어서 몹시 기뻤습니다. "내가 찾는 걸 도와주겠니?", "물론이지." 아이포솔립은 모리츠 곁에 앉아서 가장 가까운 곳에 있는 유리잔에 담긴 물을 관찰하기 시작했습니다. 그렇게 그들은 오후 내내 함께 지냈고 이미 살펴본 유리잔과 냄비들의 물을 버리고 새 물을 담은 뒤 다시 살펴보기 시작했습니다. 처음에는 그 둘은 물방울들을 살펴보며 많은 의견을 나누었습니다. 그들에게 떠오르는 물방울들의 아름다움과 특별함에 대해서 경쟁하듯 말을 한 것이지요. 그러나 그들은 차차 다른 물방울들에도 똑같이 무언가 특별한 점이 있다는 것을 알게 되었습니다.

"이걸 좀 봐. 여기 아주 특별하고 구슬처럼 동그란 물방울이 있어." 하고 아이포솔립이 말했습니다. 그러자 모리츠는 웃지 않을 수가 없었습니다. 모리츠는 '구슬처럼'이라는 말을 처음 들어보았기 때문입니다. 물론 구슬이 뭔지는 알고 있었지만, 구슬 말고 또 다른 물건이 '구슬처럼' 생길 수 있다는 생각은 해본 적이 없었습니다. 그래서 구슬처럼 동그란 물방울이란 말을 듣자 웃음이 났던 것입니다. "또 여기를 봐." 아이포솔립은 계속 말을 이어가며 유리잔을 하나 들어 보였습니다. 그유리잔의 바깥 테두리에는 물방울 하나가 매달려 있었습니다. 그 물방울은 테두리를 꼭 붙들고 있는 것처럼 보였습니다. "이물방울은 아주 힘이 세지 않니? 이것 봐. 이 물방울은 점점 길어지면서도 테두리에 붙어 있잖아.", "그래." 모리츠가 동의했습니다. "그 물방울은 갈수록 구슬처럼 동그랗게 보이지 않는데?" 모리츠는 자기도 '구슬처럼'이라는 말을 써보고 싶어서 한번 말해보았습니다. 모리츠와 아이포솔립은 자세히 보려고 하는 순간 모양이 없어져버린, 아주 수줍은 물방울들도 보았습니다. 그런가 하면 나란히 사이좋게 붙어 있는, 붙임성이 있는 물방울들도 보았습니다. "이 물방울들은 둘이서 손을 잡고 있네." 아이포솔립이 말했습니다. 그리고도 꽤 커다란 물방울들과 너무 작아 거의 눈에 띄지도 않는 물방울들이 있었습니다. 어떤 물방울들엔 특별히 빛이 색색으로 잘 어려 있었습니다. 그리고 또 어떤 물방울들이 있었는가 하면, 그걸 전부 말하기는 어렵겠습니다. 겨우 물 한잔에 불과한데도, 물방울들은 너무 많아서, 그것들의 특별한 점을 다 말하려면, 하루 종일 걸릴 것이 분명합니다.

마침내 모리츠가 말했습니다. "이 물방울들도 누군가 바라보고 있다가 놓쳐버린 것들인 게 틀림없어. 누군지 몰라도 이 물방울들을 다시 보고 싶을 텐데. 이렇게 특별하니까 말이야.", "특별한 것들의 바다라고 해야겠군." 아이포솔립이 끄덕이며 이렇게 말했습니다. "어쩌면 지금쯤은 누군가 우리가 찾는 물방울들을 발견했을지도 모르겠다. 우리가 누군가의 물방울들을 이렇게 발견한 것처럼 말이야." 그렇게 상상하자 모리츠는 기분이 좋아졌습니다. "그래, 내가 잃어버린 그 특별한 물방울을 아무도 더는 못 본다면 정말 속상하겠어." 하지만 더 이상 그럴 걱정이 없어지자 모리츠와 아이포솔립은 물방울 찾기를 그만두기로 했습니다. 그 둘은 물을 담았던 잔과 냄비들을 모두 치웠습니다. 그리고 서로 인사를 나누고서 둘은 잠자리에 들었습니다. 물방울 찾기는 꽤 고단한 일이었나 봅니다. 게다가 마지막에는 누군가 내 물방울을 보았을 거라는 기분 좋은 생각을 했기 때문에, 둘은 금세 잠이 들었습니다. 하지만 다음 날부터 모리츠는 웅덩이나 시냇물 혹은 호수를 지나칠 때면 전보다 자세히 바라보는 습관이 붙었습니다. 그래도 혹시 그 잃어버린 물방울을 발견할지도 모르니까요.

어린이와 함께 지내면서 언제 어디서 함께 철학을 할 수 있는 상황이 일어날지는 아무도 예측할 수가 없다. 하지만 이제 독자 여러분은 그런 상황에 대해서 마음의 준비가 된 셈이다. 이 책을 덮는 순간이 바로 '어린이와 함께 철학하기'를 실천하기 시작할 순간이기 때문이다. 한 가지는 결코 잊어선 안 된다. 어린이와 함께 철학을 할 때 언제나 어른들의 몫이 있다는 것이다. 어른들의 섬세한 마음 자세 없이는 모든 철학적 대화의 가능성은 수포로 돌아간다. 어른들이 섬세한 마음을 지닐 때만 어린이들과 함께 철학산책을 할 수가 있다.

어린이와 함께 철학하기는 어린이들이 살아가는 일상에서 출발한다. 그 가능성들은 우리가 이 책에서 묘사한 방식들 외에도 다양하기 그지없다. 우리가 어린이와 함께 철학하는 데 도움을 주기 위해 제시한 아이디어들은 필수적인 것이 아니라, 영감을 주기 위한 몇 가지 조언에 불과하다.

철학적 실천은 실천을 통해서만 온전한 것이 되며, 철학한다는 것은 이론을 설명하고 추론하는 가운데 완결되는 것이 아니다. 철학이란 삶의 자세이고, 그 자세를 우리는 이 책에서 좀더 정확하게

'질문의 문화'라고 규정하였다.

어린이들은 철학적으로 질문하기를 통해 미래의 삶에서 신뢰할 만한 방향설정의 지식을 획득할 수 있을 것이다. 심지어 어떤 질문들은 대답될 수가 없고 또는 지나치게 서둘러 대답되곤 하더라도 말이다.

주

1   Platon: 『국가 Der Staat』, 539 B f. Sämtliche Dialoge, Hamburg 1988.

2   Aristoteles: 『니코마코스 윤리학 Nikomachiche Ethik』, VI 9, 1142 a.

3   Montaigne, Michel de: 『에세 Essais』; Frankfurt a. M. 1998, P. 88f.

4   Locke, John: 『교육론 Gedanken über Erziehung』; Ingoldstadt 1962, p.130.

5   Ibid., p.110.

6   Ibid., p.58.

7   Ibid., p.98.

8   Kant, Immanuel: 『스스로 사고하며 방향을 찾는다는 것은 무엇인가? Was heißt sich im Denken orientieren?』; Berlin 1986, Vol.8, p.146.

9   Bloch, Ernst: 『흔적들, 전집 Spuren, Werkausgabe』 Vol.1; Frankfurt a. M. 1977, P.62-65.

10   Ibid., P.63f.

11   Ariès, Philippe: 『유년기의 역사 Geschichte der Kindheit』, München 1998, p.93. 그 외에도 역사적인 자료는 Ariès, Philippe/ Duby, Georges 편: 『사생활의 역사 Geschichte des privaten Lebens』를 참고하였다.

12   Augustinus, Aurelius: 『고백록 Bekenntnisse』; München 1985, p.38.

13   Descartes, René: 『이성의 올바른 사용법에 관한 논고 Abhandlung ülber die Methode des richtigen Vernuntgebrauchs』; Stuttgart 1982, p.14.

14   Cf.: Bächtold-Stäubli, Hanns / Krayer-Hoffman, Eduard 편: 『독일미신사전 Handwörterbuch des deutschen Aberglaubens』, Vol.IV; Berlin / Leipzig 1932/1987 p.1310 ff.

15   Badinter, Elisabeth: 『모성애. 감정의 역사. 17세기에서 현대까지 Die Mutterliebe. Geschichte eines Gefühls vom 17. Jahrhundert bis heute』; München 1984.

16   Rousseau, Jean-Jacques: 『사회계약론 Vom Gesellschaftsvertrag』; Stuttgart 1979. 『에밀, 혹은 교육에 관하여 Emile oder über die Erziehung』; Stuttgart 1983.

17   Moritz, Karl Philipp: Anton Reiser; München 1991.

18   Erlbruch, Wolf (Illustrationen): Neues ABC-Buch; München 2000.

19   발달심리학의 역사를 좀더 상세하게 살펴보려면 아래를 참조할 것. Oerter, Rolf /Montada, Leo편『발달심리학 Entwicklungspsychologie』; München 1998, p.24ff.

20   Kesselring, Thomas:『장 피아제 Jean Piaget』; Munchen 1999, p.128 ff.

21   Wittgenstein, Ludwig:『확실성에 관하여Über Gewißheiten』, Frankfurt a.M.1999, Vol..8., p.113-257.

22   Ibid. p.366.

23   Marquard, Odo:『원칙과의 결별 Abschied vom Prinzipiellen』; Stuttgart 1981.

24   Wittgenstein, Ludwig:『확실성에 관하여 Über Gewißheiten』, Frankfurt a.M.1999, Vol. 8., p.160.

25   Cf. Wagner, Peter:『현대의 사회학 Soziologie der Moderne』; Frankfurt a. M./ New York 1995.

26   Ley, K.:『규범적 인생에서 선택적 인생으로? Von der Normal- zur Wahlbiographie?』, in Brock, D. et al. Biographie und soziale Wirklichkeit. Neue Beiträge und Forschungsperspektiven; Stuttgart 1984, p.239 ff.

27   Beck, Ulrich / Beck-Gernsheim, Elisabeth:『자율성이 아니라 조립된 인생인 것 Nicht Autonomie, sondern Bastelbiographie. Anmerkungen zur Individualisierungsdiskussion am Beispiel des Aufsatzes von Günter Burkart』, in: Zeitschrift für Soziologie, Jg.22,1993, p.178ff.

28   Ibid., p.182.

29   Cf. Roussel, Louis:『지난 20년간 산업국가의 충격적 인구변동의 사회학적 의미 Die soziologische Bedeutung der demographischen Erschütterung in den Industrielandern der letzten zwanzig Jahre』, in: Lüscher, Kurt 편『포스트모던 시대의 가족. 전환기의 가족의 전략과 가족정책 Die "postmoderne" Familie: familiale Strategien und Familienpolitik in einer Übergangszeit』; Konstanz 1990, p.39-54.

30   Fischer, Arndt / Meister, Dorothee:『광고의 영향에 대한 물음. 광고에 노출된 어린이들 Die Frage nach der Werbenwirkung. Kinder im Umfeld von Medien und Werbung』, in: Medien und Erziehung, 39.Jg., Nr.3, June

1995, p.139-144.

31   Postman, Neil: 『유년기의 소멸 Das Verschwinden der Kindheit』; Frankfurt a.M. 1985.

32   Hegel, G. W. F.: 『정신현상학 Phänomenologie des Geistes』; Frankfurt a. M. 1986, Vol.3, p.56.

33   Cf. Martens, Ekkehard : 『어린이 철학 Kinderphilosophie』 , 『어린이 철학을 위한 동기부여란 가짜 문제인가? Ist Motivation zum Philosophieren ein Scheinprobelm?』. in: ZDP 80/2, p.80-84.

34   Jaspers, Karl: 『철학입문 Einführung in die Philosophie; München』 1953, p.11f.

35   Nora K./Vittorio Hüsle: 『죽은 철학자들의 카페, 철학적 서신교환 Das Cafe der toten Philosophen. Ein philosophischer Briefwechsel für Kinder und Erwachsene』; München 1997.

36   Gaarder, Jostein: 『소피의 세계 Sofies Welt』; München 1993.

37   Cf. Wolf, Astrid Juliane: 『어린이에게 철학을 가깝게 해줄 수 있을까?, 요슈타인 가아더의 "소피의 세계"를 예로 든 고찰 Kann man Philosophie Kindern nahe bringen? Eine Untersuchung am Beispiel von "Sofies Welt" von Jostein Gaarder.』 Kölner Arbeitspapiere zur Bibliotheks- und Informationswissenschaft Vol.18; Köln 1999.

38   Cf. Martens, Ekkehard: 『어린이와 함께 철학하기, 철학입문 Philosophieren rnit Kindern. Eine Einführung in die Philosophie; Stuttgart 1999』, p.26.

39   Kant, Immanuel: 『순수이성비판 Kritik der reinen Vernunft』; Berlin 1968, Akademie-Ausgabe vol.3, p.541f.

40   Cf. Engelhardt, Stephan: 『어린이 철학의 모델과 전망 Modelle und Perspektiven der Kinderphilosophie』; Heinsberg 1997

41   Nohl, Hermann: 『학교에서 철학하기 Philosophie in der Schule』, in: Padagogik aus dreissig Jahren; Frankfurt 1949, p.75-85. Cf. Popp, Walter: 『호기심, 생산적인 혼란과 순진한 사고 Neugier, produktive Verwirrung und Naivdenklichkeit』; in: Martens, Ekkehard / Schreier, Helmut 편 : 『취학아동과 함께 철학하기 Philosophieren mit Schulkindern』; Heinsberg 1994, p. 47-60, p.50 ff.

42	Cf. Martens, Ekkehard: 『어린이와 함께 철학하기 Philosophieren mit Kindern』; Stuttgart 1999, p. 59 ff
43	Lipman, Matthew: 『어린이의 철학 스타일 Über den philosophischen Stil von Kindern』, in: Zeitschritt für Didaktik der Philosophie 1/84, p.3-11. Martens, Ekkehard / Schreier, Helmut편 : Philosophieren rnit Schulkindern; Heinsberg 1994, p.108-122에서 재인용.
44	『순수이성비판 Kritik der reinen Vernunft』; Berlin 1968, Akademie-Ausgabe vol.3, p.522f. 칸트가 제시한 네 번째 질문은 〈인간이란 무엇인가?〉인데, 이 질문은 앞의 세 질문을 어느 정도 포괄한다고 할 수 있다.
45	Monk, Ray: 『비트겐슈타인, 천재의 작업 Wittgenstein. Das Handwerk des Genies』; Stuttgart ;1993, p.448 f.
46	Cf. Martens, Ekkehard: 『어린이와 함께 철학하기 Philosophieren mit Kindern』; Stuttgart 1999, p.82.
47	Lipman 1984; p.120.
48	Cf. Meier, Christian: 『아테네, 세계사의 시작 Athen. Ein Neubeginn der Weltgeschichte』; Berlin 1993, p.478 ff.
49	Bohme, Gernot: 『소크라테스 유형 Der Typ Sokrates』; Frankfurt am Main 1992, p.133.
50	Gadamer, Hans-Georg: 『플라톤의 변증법적 윤리학 Platos dialektische Ethik』; Hamburg 1983, p.40.
51	플라톤의 철학에 나타나는 〈정당화〉에 관련된 고찰은 다음의 책을 참고할 것. Pfafferott, Gerhard: 『정치와 변증법. 플라톤의 "국가"에 나타난 방법론적 정당성을 예로 들어. Politik und Dialektik am Beispiel Platons Methodische Rechenschaftsleistung und latentes Rechenschaftsdenken im Aufbau der "Poleiteia"』; Kastellaun 1976.
52	Platon: 『파이돈 Phaidon』; vol.2.
53	Platon: Ibid., 76 bf.
54	Platon: 『Theätet』, Hamburg 1988, 150 by-150d!
55	이 작업에는 철학자 데틀레프 호어스터(Detlef Horster, 1942~)의 공이 큰데, 그는 넬손의 제자인 구스타프 헤케만(Gustav Heckmanns, 1898-1996)의 제자였다.

56   Kant, Immanuel: 『교육학에 관하여 Über Pädagogik』; Berlin 1986, Akademie-Ausgabe Vol. 9, p. 477.

57   Bodenheimer, Aron Konald: 『왜? 질문의 불경함에 관하여 Warum? Von der Ohszönitat des Fragens』; Stuttgart 1984, p.27.

58   Adams, Douglas: 『은하수를 여행하는 히치하이커를 위한 안내서 Per Anhalter durch die Galaxis』; Franklurt a. Main/ Berlin 1988.

59   Matthews, Gareth B.: 『어린이의 철학적 상념 Philosophische Ideen jüngerer Kinder』; Berlin 1991, p.37.

60   Adams, Douglas: 『잘 있어, 고마웠어 물고기들아. Mach's gut, und danke für den Fisch』; Frankfurt a. M. / Berlin 1988, p.143.

61   Kant, Immanuel: 『판단력 비판 Kritik der Urteilskraft』

62   Schiller, Friedrich: 「소박문학과 감상문학에 관하여 Über naive und sentimentalische Dichtung」, in: Güpfert, H. G. 편: 『전집 Werke in drei Bänden; München』 1984, Vol.2, p.544.

63   Ibid., p.543.

64   Freese, Flans-Ludwig: 『어린이와 철학 Kinder sind Philosophen』; Weinheim / Berlin 1996.

65   Matthews, Gareth B.: 『유년기의 철학, 어린이들이 어른보다 더 멀리 생각할 때 Die Philosophie der Kindheit. Wenn Kinder weiter denken als Erwachsene』; Weinheim/ Berlin I995, p.26.

66   Cf. 『생각의 편린. 어린이의 철학적 상념 Denkproben. Philosophische Ideen jüngerer Kinder』; Berlin 1991.

67   Cf. Casati, Roberto: 『그림자의 발견, 비밀스러운 현상의 매혹적인 경과 Die Entdeckung des Schattens. Die faszinierende Karriere einer rätselhaften Erscheinung』; Berlin 2001.

68   Wells, H. G.: 『마술상점 Der Zauberladen』, in 『거미의 계곡 Das Tal der Spinnen』 München 1997, p. 22-39.

69   Piaget, Jean: 『어린이의 세계상 Das Weltbild des Kindes』; München 1997, p.27 f.

70   Matthews 1991; 앞의 책 p.56.

71   Cf. Matthews 1995; 앞의 책 p. 68 ff.

72 자연과학에서도 진보의 개념은 문제적이다. Cf. Kuhn, Thomas S.: 『과학
    혁명의 구조 Die Struktur wissenschaftlicher Revolutionen』; Frankfurt
    am Main 1986; Feyerabend, Paul: 『방법론의 강박에 대항하여 Wider den
    Methodenzwang』; Frankfurt am Main 1981; Sokal, Alan / Bricmont, Jean:
    『지적 사기 Eleganter Unsinn. Wie die Denker der Postmoderne. Wie die
    Wissenschaften missbrauchen』; München 2001.

73 매튜의 견해는 어느덧 심리학계에도 수용되어, 어린이의 사고가 지닌 고유성
    을 내용적 측면에서도 관찰하는 데 자극을 주고 있다. 매튜는 어린이의 사고
    가 어른들의 편협한 자연과학과 기술에 기댄 사고를 향해 발달해가는 것으로
    보지 않았다. Cf. Billmann-Mahecha, Elfriede: 「문화심리학적 관점에서 어린
    이를 수용적으로 이해하는 심리학을 옹호함 Argumente für eine verstehende
    Kinderpsychologie aus kulturpsychologischer Sicht」, in: Martens, Ekkehard
    / Schreier, Helmut편 : 『취학아동과 함께 철학하기 Philosophieren mit
    Schulkindern』; Heinsberg 1994, p.150-158.

74 Cf. Gadamer, Hans-Georg: 『진리와 방법 Wahrheit und Methode』; Tübin-
    gen 1975.

75 Pfafferott, Gerhard: 『윤리학과 해석학, 삶의 형식이라는 틀 속에서의 인
    간과 모랄 Ethik und Hermeneutik, Mensch und Moral im Gefüge der
    Lebensform』; Königstein/Ts. 1981, p.247.

76 다양한 철학적 실천의 형태를 가늠해볼 수 있는 참고문헌으로 아래를 추천
    한다. Patrick Neubauer: 『운명과 성격. 철학적 실천과 인생상담 Schicksal
    und Charakter. Lebensberatung in der ‚Philosophischen Praxis』; Hamburg
    2000.

77 철학적 실천은 치유를 지향하는 개념이 아니고, 이런 점에서 심리상담과 혼
    동하면 안 된다. 현대의 심리학적 개념들이 철학에서 연유했음을 확인하려
    면 아래의 책을 참고하기 바란다. Cf. Odo Marquard. 『초월적 관념론, 낭만
    적 자연철학, 심리분석 Transzendentaler Idealismus, Romantische Natur-
    philosophie, Psychoanalyse. Schriftenreihe zur Philosophischen Praxis』 Vol
    3; Köln 1987.

78 우리는 "논리적으로 조언한다 beratende Argumentation"는 개념을 프란츠
    요제프 베츠의 아래 저서에서 원용하였다. Cf. Franz Josef Wetz 『일상과 우

주. 피할 수 없는 질문들의 해석학 Lebenswelt und Weltall. Hermeneutik der unabweislichen Fragen』; Stuttgart 1994.

　　Benjamin, Walter: 『아케이드 프로젝트 Das Passagen-Werk; Gesammelte Schriften』 Vol. V-I und V-II; Frankfurt a. M.1983.

80　　Benjamin, Walter: 『아케이드 프로젝트 Das Passagen-Werk; Gesammelte Schriften』 Vol. VII-1; Frankfurt a. M. 1991, p.318.

81　　재인용 Siegfried Kracauer, Karsten Witte: Nachwort, in: Kracauer, Siegfried: 『대중의 장식품 Das Ornament der Masse』; Frankfurt a. M. 1994.

82　　Benjamin, Walter: 『전집 Gesammelte Schriften』 Vol. VII-l; 앞의 책 p.149.

83　　Cf. Engelhart, Stephan: 『어린이 철학의 모델과 전망 Modelle und Perspektiven der Kinderphilosophie』; Heinsberg 1997, p.146.

84　　Martens, 앞의 책(1999), p.190.

85　　1786년에 칸트의 소논문 「스스로 사고하여 방향을 설정한다는 것은 무엇인가? Was heisst: sich im Denken orientiren?」가 발표되었다.

86　　Kant: 『순수이성비판 Kritik der reinen Vernunft』, Berlin 21968, Akademie-Ausgabe, Vol. 3, p.541f.

87　　Horster, Detlef: 『어린이와 함께 철학하기 Philosophieren mit Kindern』; Opladen 1992, p.12.

88　　In Luhmann, Niklas / Spaemann, Robert: 『잃어버린 패러다임. 윤리학적 고찰. 1989년 헤겔상 수상연설 Paradigm lost : Über die ethische Reflexion der Moral. Rede anlässlich der Verleihung des Hegel-Preises 1989』; Laudatio von Robert Spaemann; Frankfurt am Main 1990, p.53.

89　　Platon: Theätet 155d, 앞의 책(vol.4); 『아리스토텔레스 : 형이상학 Aristoteles: Metaphysik』; Stuttgart 1980, 982b 10 ff.

90　　Heidegger, Martin: 『존재와 시간 Sein und Zeit』; Tübingen 1979, p.127.

91　　Matthews 1995, 앞의 책 p.13.

92　　어린이가 품는 질문에 잠재된 커다란 가능성이 학교의 수업시간에는 고려되지 않는다는 그의 관찰은 전체 독일의 초등학교 교사 가운데 71명을 대상으로 한 설문을 바탕으로 한 경험적 연구를 토대로 한 것이다. Cf. Ritz-Frohlich, Gertrud: 『어린이와 수업시간의 질문, Kinderfragen im Unterricht』; Bad Heilbrunn / Obb 1992). Cf. Engelhart 앞의 책(1997), p.170 ff.

93   Carroll, Lewis.: 『거울나라의 앨리스 Alice hinter den Spiegeln』; Frankfurt a. M. 1975, p.38f.

94   Cf. Daurer, Doris: 『경탄, 의심, 당혹-어린이와 함께 철학하기 Staunen, Zweifeln, Betroffensein. Mit Kindern Philosophieren』; Weinheim / Basel 1999, p.67.

95   Gaarder, Jostein: 『거기 누구 있어요? Hallo, ist da jemand?』; München 1996.

96   Ibid., p.22.

97   Lichtenberg, Georg Christoph: 『글과 편지 Schriften und Briefe』 Wolfgang Promies편, München 1971, J 1965.

98   Ibid., K 303.

99   Ibid., H 50.

100   Platon: 『Theätet』, Hamburg 1998, 174a.

101   Aristoteles: Politik A11, 1259 a 9-18. 『Über das Lachen der thrakischen Magd』 Cf. Blumenberg, Hans: 『Das Lachen der Thrakerin』; Frankfurt am Main 1987.

102   Cf. Koselleck, Reinhart: 『Kritik und Krise』; Frankfurt am Main 51985, p. 41 ff Habermas, Jürgen: 『Strukturwandel der Öffentlichkeit. Untersuchungen zu einer Kategorie der bürgerlichen Gesellschaft』; Frankfurt a. M.1990.

103   Kant, Immanuel: Beantwortung der Frage: Was ist Aufklärung? (1783), in: Akademie-Ausgabe vol. 8; Berlin 1968, p. 33-42.

104   "방향을 설정하는 지혜(方向知)는 교과서가 코드화시켜놓은 지식을 넘어서는 판단능력과 관계가 깊다.", Fellmann, Ferdinand: 『교단에 선 윤리교사의 난처함, 윤리는 가르칠 수 있는가? Die Angst des Ethiklehrers vor der Klasse. Ist Moral lehrbar?』; Stuttgart 2000, p.18.

105   Cf. Wetz, Franz Josef 『체념의 예술 Die Kunst der Resignation』; Stuttgart 2000, p.17 ff.

106   Cf. Melchers, Markus: 실천(Praxis), http://www.Sinn-auf-Raedern.de.

107   도리스 다우러는 그녀의 책 『경탄, 의심, 당혹 - 어린이와 함께 철학하기 Staunen, Zweifeln, Betroffensein. Mit Kindern Philosophieren』에서 영리한 사고를 위한 도구를 갖고 논지를 전개하는 흥미로운 형식의 규칙을 소개하고

있다.

108 Cf. Schnadelbach, Herbert: 「철학사에서의 담론과 패러다임의 변화 Zum Verhaltnis von Diskurswandel und Paradigmenwechsel in der Geschichte der Philosophie」, in: 『강연과 논문집. Zur Rehabilitierung des animal rationale. Vortrage und Abhandlungen 2; Frankfurt a. M. 1992, S. 387-411.』

109 슈나델바흐는 형이상학적인 철학과 비판적 철학을 선명히 구분 짓는다. 우리는 철학하는 과정의 성격을 더 잘 규정하기 위해 "닫힌/열린"이라는 어휘를 선택했다. 슈나델바흐는 진리이론적 문제설정을 근본적인 것으로서 중시했는데, 우리는 이 책에서 그런 면을 고려하지는 않았다.

110 Pfaferottt, Gerhard: 『플라톤에게서의 정치와 변증법 Politik und Dialektik am Beispiel Platons』; Kastellaun 1976, p.121.

111 Lichtenberg, Georg Christoph: 『글과 편지 Schriften und Briefe』. Wolfgang Promies편; München 1971, J1234.

112 그 예를 보려면 Casati 앞의 책 p.87 참조.

113 Reed, Ronald: 『어린이는 우리와 얘기를 나누고 싶어 한다. Kinder möchten mit uns Sprechen』; Hamburg 1990, p.18.

114 Cf. Bruning, Barbara: 박사논문 『6세에서 8세 어린이와 함께 학교밖에서 철학하기 Philosophieren mit sechs- bis achtjahrigen Kindern in der ausserschulischen Erziehung - Überlegungen zu einem handlungsorientierten An-satz unter Berücksichtigung praktischer Erfahrung』; Hamburg 1985 (Dissertation) Patzig, Günther: Bemerkungen zur Philosophie der Oberstufe des Gymnasiums, in: ZDP 80/3.

115 두 개 이상의 거울로도 같은 효과를 얻을 수 있다. 이런 현상에 관한 매우 흥미롭고 이상한 이론과 아울러 어린이와 함께 시도해볼 만한 작업이 소개된 책으로는 아래를 권할 수 있다. Cf. O'Brien, Flann: 『제3의 경찰관 Der dritte Polizist』; Frankfurt a. M. z1991, p.84 f.

116 『디오게네스 Diogenes Laertius I』, 앞의 책 p.314.

117 Ekkehard Martens 앞의 책(1999), p.33 ff

118 Steinbeck, John: 『분노의 포도 Die Straße der blsardinen』; München 1986, p. 31f.

119   Kohler, Bernd / Schreier, Helmut: 『초등학교에서의 철학수업 Philosophie in der Grundschule』, in: Martens, Ekkehard / Schreier, Helmut편 『취학아동과 함께 철학하기 Philosophieren mit Schulkindern』; Heinsberg, p.170-181, p.175.

120   이 방법에 대한 구체적인 예들은 아래에서 참조할 수 있다. Cf. Zoller, Eva: 『작은 철학자들, 어린이가 던지는 질문에 답하기. Die kleinen Philosophen. Vom Umgang mit "schwierigen" Kinderfragen』; Freiburg / Basel / Wien 1995. 121.

121   Michel-Andino, Andreas: 『마법의 철학, 경탄에 관한 에세이 Philosophie des Zauberns. Ein Essay über das Staunen』; Hamburg 1994, p. 79.

122   여기 소개된 '필로소피컬'은 모두 독일 슈라이쾨니히 출판사에서 출간되었으며, CD나 테이프도 구입할 수 있다. 인터넷 사이트 www.schreikoenig.de. 참고.

123   Young, Ed: 『일곱 마리 눈먼 쥐 7 blinde Mäuse』; Berlin / München 1995.

124   Lichtenberg, 앞의 책, p.46.

125   Ibid., p.386.

233

참고문헌

Adams, Douglas: Per Anhalter durch die Galaxis; Frankfurt a. M. / Berlin 1988.

Ders.: Mach's gut, und danke für den Fisch; Frankfurt a. M / Berlin 1988.

Ariès, Philippe: Geschichte der Kindheit; München 1998.

Ariès, Philippe / Duby, Georges (Hrsg.): Geschichte des privaten Lebens Bd. 1. Vom Römischen Imperium zum Byzantinischen Reich; Frankfurt a. M. 1985.

Dies. (Hrsg.): Geschichte des privaten Labens Bd. 2. Vom Feudalzeitalter zur Renaissance; Frankfurt a. M. 1990.

Dies. (Hrsg.): Geschichte des privaten Labens Bd. 3. Von der Renaissance zur Aufklärung; Frankfurt a. M. 1991.

Aristoteles: Nikomachische Ethik; Stuttgart 1980.

Ders.: Politik; München 1986.

Augustinus, Aurelius: Bekenntnisse; München 1985.

Badinter, Elisabeth: Die Mutterliebe. Geschichte eines Gefühls vom 17. Jahrhundert bis heute; München 1984.

Bächtold-Stäubli, Hanns / Krayer-Hoffman, Eduard (Hrsg.): Handwörterbuch des deutschen Aberglaubens, Bd. IV; Berlin / Leipzig 1932 (Nachdruck Berlin; 1987).

Beck, Ulrich / Beck-Gernsheim, Elisabeth: Nicht Autonomie, sondern Bastelbiographie. Anmerkungen zur Individualisierungsdiskussion am Beispiel des Aufsatzes von Günter Burkart; in: Zeitschrift für Soziologie, Jg. 22, 1993, S. 178 ff.

Benjamin, Walter: Das Passagen-Werk; Gesammelte Schriften Bd. V-I, V-II; Frankfurt a. M. 1983.

Ders.: Gesammelte Schriften Bd. VII-I; Frankfurt a. M. 1991.

Billmann-Mahecha, Elfriede: Argumente für eine verstehende Kinderpsychologie aus kulturpsychologischer Sicht, in: Martens, Ekkehard / Schreier, Helmut (Hrsg.): Philosophieren mit Schulkindern: Heinsberg 1994, S. 150-158.

Bloch, Ernst: Spuren, Werkausgabe Bd. 1; Frankfurt a. M. 1977.

Ders.: Tübinger Einleitung in die Philosophie, Werkausgabe Bd. 13; Frankfurt a. M. 1977.

Blumenberg, Hans: Das Lachen der Thrakerin; Frankfurt am Main 1987.

Bodenheimer, Aron Ronald: Warum? Von der Obszönität des Fragens; Stuttgart 1984.

Böhme, Gernot: Der Typ Sokrates; Frankfurt am Main 1992.

Brüning, Barbara: Philosophieren mit sechs- bis achtjährigen Kindern in der außerschulischen Erziehung- Überlegungen zu einem handlungsorientierten Ansatz unter Berücksichtigung praktischer Erfahrung; Hamburg 1985.

Carroll, Lewis: Alice im Wunderland; Frankfurt a. M. 1986.

Ders.: Alice hinter den Spiegeln; Frankfurt a. M. 1975.

Casati, Roberto: Die Entdeckung des Schattens. Die faszinierende Karriere einer rätselhaften Erscheinung; Berlin 2001.

Daurer, Doris: Staunen, Zweifeln, Betroffensein. Mit Kindern Philosophieren; Weinheim / Basel 1999.

Descartes, René: Abhandlung über die Methode des richtigen Vernunftgebrauchs; Stuttgart 1982.

Diogenes Laertius: Leben und Meinungen berühmter Philosophen; Hamburg 1998.

Engelhardt, Stephan: Modelle und Perspektiven der Kinderphilosophie; Heinsberg 1997.

Fellmann, Ferdinand: Die Angst des Ethiklehrers vor der Klasse. Ist Moral lehrbar?; Stuttgart 2000.

Feyerabend, Paul: Wider den Methodenzwang; Frankfurt am Main 1981.

Fischer, Arndt / Meister, Dorothee: Die Frage nach der Werbewirkung. Kinder im Umfeld von Medien und Werbung, in: Medien und Erziehung, 39. Jg., Nr. 3, Juni 1995, S. 139-144.

Freese, Hans-Ludwig: Kinder sind Philosophen; Weinheim / Berlin 1996.

Gaarder, Jostein: Sofies Welt; München 1993.

Ders.: Hallo, ist da jemand?; München 1996.

Gadamer, Hans-Georg: Platos dialektische Ethik; Hamburg 1983.

Ders.: Wahrheit und Methode; Tübingen 1975.

Habermas, Jürgen: Strukturwandel der Öffentlichkeit. Untersuchungen zu einer Kategorie der bürgerlichen Gesellschaft; Frankfurt a. M. 1990.

Hegel, G. W. F.: Phänomenologie des Geistes; Frankfurt a. M. 1986, Werke Bd. 3.

Heidegger, Martin: Sein und Zeit; Tübingen 1979.

Horster, Detlef: Philosophieren mit Kindern; Opladen 1992.

Jaspers, Karl: Einführung in die Philosophie; München 1953.

Kant, Immanuel: Kritik der reinen Vernunft (2. Auflage); Berlin 1968, Akademie-Ausgabe Bd. 3.

Ders.: Kritik der Urteilskraft; Berlin 1986, Akademie-Ausgabe Bd. 5, S. 165-486.

Ders.: Beantwortung der Frage: Was ist Aufklärung?; Berlin 1968, Akademie-Ausgabe Bd. 8, S. 33-42.

Ders.: Was heißt: sich im Denken orientiren?; Berlin 1986, Akademie-Ausgabe Bd. 8, S. 131-148.

Ders.: Über Pädagogik; Berlin 1986, Akademie-Ausgabe Bd. 9; S. 437-500.

Kesselring, Thomas: Jean Piaget; München 1999.

Köhler, Bernd / Schreier, Helmut: Philosophie in der Grundschule, in: Martens, Ekkehard / Schreier, Helmut (Hrsg.): Philosophieren mit Schulkindern; Heinsberg, S. 170-181, S. 175.

Koselleck, Reinhart: Kritik und Krise. Eine Studie zur Pathogenese der bürgerlichen Welt; Frankfurt am Main 1985.

Kracauer, Siegfried: Das Ornament der Masse; Frankfurt a. M. 1994.

Kuhn, Thomas S.: Die Struktur wissenschaftlicher Revolutionen; Frankfurt a. M. 1986.

Ley, K.: Von der Normal- zur Wahlbiographie?, in: Brock, D. et al. (Hrsg.): Biographie und soziale Wirklichkeit. Neue Beiträge und Forschungsperspektiven; Stuttgart 1984, S. 239 ff.

Lichtenberg, Georg Christoph: Schriften und Briefe. Herausgegeben von Wolfgang Promies; München 1971.

Lipman, Matthew: Über den philosophischen Stil von Kindern, in: Zeitschrift für Didaktik der Philosophie 1/84, in: Martens, Ekkehard / Schreier, Helmut (Hrsg.): Philosophieren mit Schulkindern; Heinsberg 1994, S. 108-122.

Locke, John: Gedanken über Erziehung; Ingoldstadt 1962.

Marquard, Odo: Abschied vom Prinzipiellen; Stuttgart 1981.

Ders.: Transzendentaler Idealismus, Romantische Naturphilosophie, Psychoanalyse. Schriftenreihe zur Philosophischen Praxis Band 3; Köln 1987.

Martens, Ekkehard: Kinderphilosophie – oder: Ist Motivation zum Philosophieren ein Scheinproblem?, in: ZDP 80/2, S 80-84.

Martens, Ekkehard / Schreier, Helmut (Hrsg.): Philosophieren mit Schulkindern; Heinsberg 1994.

Ders.: Philosophieren mit Kindern. Eine Einführung in die Philosophie; Stuttgart 1999.

Matthews, Gareth B.: Philosophische Ideen jüngerer Kinder; Berlin 1991.

Ders.: Denkproben. Philosophische Ideen jüngerer Kinder; Berlin 1991.

Ders.: Die Philosophie der Kindheit. Wenn Kinder weiter denken als Erwachsene; Weinheim / Berlin 1995.

Meier, Christian: Athen. Ein Neubeginn der Weltgeschichte; Berlin 1993.

Melchers, Markus: Praxis, http://www.Sinn-auf-Raedern.de.

Michel-Andino, Andreas: Philosophie des Zauberns. Ein Essay über das Staunen; Hamburg 1994.

Monk, Ray: Wittgenstein. Das Handwerk des Genies; Stuttgart 1993.

Montaigne, Michel de: Essais; Frankfurt a. M. 1998.

Moritz, Karl Philipp: Anton Reiser; München 1991.

Ders. / Erlbruch, Wolf (Illustrationen): Neues ABC-Buch, München 2000.

Neubauer, Patrick: Schicksal und Charakter. Lebensberatung in der ‚Philosophischen Praxis‘; Hamburg 2000.

Nohl, Hermann: Philosophie in der Schule, in: Ders.: Pädagogik aus dreißig Jahren; Frankfurt 1949.

Nora K. / Vittorio Hösle: Das Café der toten Philosophen. Ein philosophischer Briefwechsel für Kinder und Erwachsene; München 1997.

O'Brien, Flann: Der dritte Polizist; Frankfurt a. M. 1991.

Oerter, Rolf / Montada, Leo (Hrsg.): Entwicklungspsychologie; München 1998.

Patzig, Günther: Bemerkungen zur Philosophie der Oberstufe des Gymnasiums, in: ZDP 80/3.

Pfafferott, Gerhard: Politik und Dialektik am Beispiel Platons. Methodische Rechenschaftsleistung und latentes Rechenschaftsdenken im Aufbau der „Poleiteia“; Kastellaun 1976.

Ders.: Ethik und Hermeneutik. Mensch und Moral im Gefüge der Lebensform; Königstein/Ts. 1981.

Piaget, Jean: Das Weltbild des Kindes; München 1997.

Platon: Die Apologie des Sokrates Bd. 1, in: Sämtliche Dialoge. Hamburg 1988.

Ders.: Menon, ebd. Bd. 2.

Ders.: Phaidon, ebd. Bd. 2.

Ders.: Theätet, ebd. Bd. 4.

238

Ders.: Politeia, ebd. Bd. 5.

Popp, Walter: Neugier, produktive Verwirrung und Nachdenklichkeit, in: Martens, Ekkehard / Schreier, Helmut (Hrsg.): Philosophieren mit Schulkindern; Heinsberg 1994, S. 47-60.

Reed, Ronald: Kinder möchten mit uns Sprechen; Hamburg 1990.

Ritz-Fröhlich, Gertrud: Kinderfragen im Unterricht; Bad Heilbrunn / Obb 1992.

Rousseau, Jean-Jacques: Vom Gesellschaftsvertrag; Stuttgart 1979.

Ders.: Emile oder über die Erziehung; Stuttgart 1983.

Schiller, Friedrich: Über Naive und sentimentalische Dichtung, in: Werke in drei Bänden; München 1984, Bd. 2, S. 540- 606.

Schnädelbach, Herbert: Zum Verhältnis von Diskurswandel und Paradigmenwechsel in der Geschichte der Philosophie, in: Ders.: Zur Rehabilitierung des animal rationale. Vorträge und Abhandlungen 2; Frankfurt a. M. 1992, S. 387-411.

Sokal, Alan / Bricmont, Jean: Eleganter Unsinn. Wie die Denker der Postmoderne die Wissenschaften mißbrauchen; München 2001.

Spaemann, Robert: Niklas Luhmanns Herausforderung der Philosophie, in: Luhmann, Niklas / Spaemann, Robert: Paradigm lost: Über die ethische Reflexion der Moral. Rede anläßlich der Verleihung des Hegel-Preises 1989; Frankfurt a. M. 1990, S. 49-73.

Steinbeck, John: Die Straße der Ölsardinen; München 1986.

Ders.: Wonniger Donnerstag; München 1987.

Wagner, Peter: Soziologie der Moderne; Frankfurt a. M. / New York 1995.

Wells, H. G.: Der Zauberladen, in: Ders.: Das Tal der Spinnen. Erzählungen; München 1997, S. 22-39.

Wetz, Franz Josef: Lebenswelt und Weltall. Hermeneutik der unabweislichen Fragen; Stuttgart 1994.

Ders.: Die Kunst der Resignation; Stuttgart 2000.

Wittgenstein, Ludwig: Über Gewißheit, in: Werke in acht Bänden; Frankfurt a. M. 1999, Bd. 8. 113-257.

Wolf, Astrid Juliane: Kann man Philosophie Kindern nahe bringen? Eine Untersuchung am Beispiel von „Sofies Welt" von Jostein Gaarder. Kölner Arbeitspapiere zur Bibliotheks- und Informationswissenschaft Band 18; Köln 1999.

Young, Ed: 7 blinde Mäuse; Berlin / München 1995.

Zoller, Eva: Die kleinen Philosophen. Vom Umgang mit „schwierigen" Kinderfragen; Freiburg / Basel / Wien 1995.

Die Philosophicals sind entnommen aus den Tonträgern:

- Schreikönig. Oder Wie kommen die Fragen in den Wald; Bonn / Uelsen 1999.
- Die Mäuseexpedition; Bonn / Uelsen 2001.
- Moritz und das Eiphosolip; Bonn / Uelsen 2001.

Alle drei Philosophicals erscheinen im Schreikönig. Verlag für philosophische Kinderlieder und -geschichten; Bonn / Uelsen.